일지
사상
一止
思想

일지사상 一止思想

발행일	2025년 7월 18일		
지은이	서병곤		
펴낸이	손형국		
펴낸곳	(주)북랩		
편집인	선일영	편집	김현아, 배진용, 김다빈, 김부경
디자인	이현수, 김민하, 임진형, 안유경	제작	박기성, 구성우, 이창영, 배상진
마케팅	김회란, 박진관		
출판등록	2004. 12. 1(제2012-000051호)		
주소	서울특별시 금천구 가산디지털 1로 168, 우림라이온스밸리 B동 B111호, B113~115호		
홈페이지	www.book.co.kr		
전화번호	(02)2026-5777	팩스	(02)3159-9637
ISBN	979-11-7224-741-6 03100 (종이책)		979-11-7224-742-3 05100 (전자책)

잘못된 책은 구입한 곳에서 교환해드립니다.
이 책은 저작권법에 따라 보호받는 저작물이므로 무단 전재와 복제를 금합니다.
이 책은 (주)북랩이 보유한 리코 장비로 인쇄되었습니다.

(주)북랩 성공출판의 파트너

북랩 홈페이지와 패밀리 사이트에서 다양한 출판 솔루션을 만나 보세요!

홈페이지 book.co.kr • **블로그** blog.naver.com/essaybook • **출판문의** text@book.co.kr

---

작가 연락처 문의 ▶ ask.book.co.kr

작가 연락처는 개인정보이므로 북랩에서 알려드릴 수 없습니다.

일지사상
一止思想

생각이 멈춘 자리에서
시작되는 통합의 철학

서병곤 지음

북랩

들어가는 말

　우리는 세계 속에 드러난 한 존재이다. 한 존재로서 드러난 나는 다른 존재(타자)들과 함께 이 세계에서 공존하고 있다. 세계의 한 존재로서 나란 존재자는 나 이외의 모든 것들과 함께 살아가는 공동체의 일원이다. 공동체의 일원으로서 내가 겪고 있는 세계는 구조적으로 둘로 구분할 수 있다. 하나는 보이지 않는 무형의 세계이고 또 다른 하나는 보이는 유형의 세계이다. 두 세계의 구조 속에 존재하는 나는 무형의 세계에 공존하는 존재자인가? 유형의 세계에 존재하는가? 아니면 유형과 무형의 세계에 존재하는 자인가?
　내가 존재하는 방식은 유형의 세계에 직접 참여하면서 존재하는 자이지만 무형의 세계도 동참할 수 있는 자가 될 수도 있다. 그러나 대개의 존재는 오감에 따른 유형의 세계에서만 존재하는 것으로 그친다. 왜냐하면 대개의 존재가 느끼는 무형의 세계는 오감으로 알 수 없기 때문이다. 그러므로 오감적 존재자는 세계를 인식하는 방식이 통합적이지 못하고 분리적이다. 따라서 세계를 인식하는 데 일원론이 아닌 이원론으로 인식하게 된다.

그러므로 세계를 인식하는 방법은 존재자에 따라 일원론 세계관인가? 아니면 이원론 세계인가?로 나누게 된다. 지금까지의 세계관은 이원론적 세계관이 주된 흐름이었다. 그러다 보니 존재자들은 세계를 유형의 세계와 무형의 세계가 분리된 두 개의 다른 세계로 인식하도록 강요받아 왔다.

이러한 세계관의 강요는 플라톤의 이데아 세계와 현실 세계, 기독교의 천국과 지상 세계, 불교의 서방 정토(淨土)와 예토(穢土)로서의 동방 정토, 저승과 이승, 피안(彼岸)과 차안(此岸)의 의미가 존재하게 된다. 그러나 일원론의 의미는 세계 구조가 유기적으로 연결된 세계관이라 할 수 있다. 이때 유기적 세계관의 의미는 존재자에 따라 유기적 세계의 일원론으로 알 수도 있고, 알지 못할 수도 있기에 일원론적 인식론에 대해 오랜 세월 동안 다툼이 지속되고 있는 것이다.

이러한 다툼의 원인은 아는 자와 모르는 자가 각자 입장을 주장함에 따라 발생하는 것이다. 이러한 주장의 발생은 각자가 지닌 **인식의 높이[각자의 사태(事態)에 따라 자신이 세상에 대한 이해수준]**에 따라 자신의 이해력이 결정되기에 그런 것이다.

일원론적 세계관을 인식하는 일원론적 인식론, 그것은 어떤 것인가? 직관적인 것일까? 아니다. 그것은 직관적이라고 표현할 수 없다. 그것은 줄탁동시(啐啄同時: 어미닭과 병아리가 동시에 알을 쫌 ▶ 내부적 역량과 외부적 환경이 적절히 조화돼 창조되는 것)로 알 수 있게 되는 인식체계인 것이다. 그러므로 일원론적 세계관을 이끄는 일원론적 인식론은 새로운 것이 아닌 과거부터 존재해 왔던 방식인데 그동안 설명을 제대로 할 수 없었기에 세상에 잠재되었던 내용일 뿐이다. 줄탁동시(啐啄同時)로 알 수 있게 되는 인식체계란 무엇일까? 그것은 '깨달음'이라 하는 것으로 '돈오(頓悟)의 상태', '지혜로움의 발현' 등으로 표현되는 것이다.

성철스님과 행원스님은 그것을 '생각이 멈춘 곳'에서 드러나는 세계관으로 보고 있는 것이다. '생각이 멈춘 곳'이란 곧 일지(一止)의 모습이 된 상태이다. 그렇다면 줄탁동시(啐啄同時)로 인해 이러한 현상을 겪게 되는 것일까? 전혀 그렇지 않다고 본다. 왜냐하면 '생각이 멈춘 곳'이 일지(一止) 상태인데 이 일지(一止) 상태란 바름(正)의 속성 혹은 성질이 유지되는 모습인 것이다. 그러므로 바름(正)이 유지되었을 때의 만물은 각자가 정위(定位)된 상태로 입지가 만들어지게 된다.

그러면 왜, 일원론적 세계관일까? 우리가 사는 이 세계는 분명 두 양태로 존재하는 세계이다. 하나는 무형의 세계이고 다른 하나는 유형의 세계이다. 이 두 세계를 통하는 작업이 줄탁동시(啐啄同時)가 된다. 따라서 줄탁동시(啐啄同時)로 인한 '생각이 멈춘 곳'인 일지(一止) 상태란 두 세계를 바름(正)으로 소통하게 만드는 동인이 된다. 바름(正)으로 소통하는 그곳을 일지(一止)라 하고 일지(一止)로 인해 두 세계를 살필 수 있게 되기에 일원론적 인식론은 일지(一止)를 이룬 자가 바라본 인식 세계관이라 할 수 있다.

일원론적 세계관은 존재자의 인식 세계를 분열 상태로 놔두지 않는다. 왜냐하면 일원론적 인식을 하는 존재자는 바름(正)의 속성을 지닌 일지(一止)의 모습으로 살게 되기에 분열된 인식체계가 용인이 안 된다. 따라서 일원론적 세계관은 존재자를 '생각이 멈춘 곳'으로 유도하여 평정심에 이르게 하고 내적으로 바름(正)을 따르는 선(善)을 보존하고, 외적으로 바름(正)에 따른 의(義)를 행할 수 있게 한다.

세상의 혼란은 어디서 유래되었는가? 그것은 이원론적 사고로 인하여 세상을 바로 보지 못한 결과에서 비롯된 것으로 보인다. 모든 존재자는 정위(定位)에 따라 위치해야 한다. 이때의 정위(定位)란 바름(正)을 지키는 것이다. 바름(正)을 지키는 일지사상(一止思想)은 이 세상이 이원론이 아닌 일원론적 세계로 구성되어 있으며, 일원적 세계는 전체가 바름(正)으로 이루어진 것으로 본다. 그러므로 일지사상(一止思想)은 바름(正)으로 본래의 바름을 따르는 세상을 그대로 구현하기 위한 철학서라 할 수 있다. 따라서 일지사상(一止思想)은 바름(正)의 철학이기도 하지만 그것의 내용도 새로운 것이 아니다. 일지사상(一止思想), 이 내용은 과거서부터 현재까지 존재해 왔던 것이다. 다만 이러한 내용에 대해 공동체에서 일반화 작업을 시키지 못한 것으로 표현할 수 있다. 일반화 작업이 늦어지면서 일원론적 인식론에 대한 이해가 쉽게 전달되지 못함에 따라 이원론이 신속히 자리잡으면서 세상을 올바로 인식하지 못하게 된 것이다. 이러한 인식은 세계를 이원론으로 바라보는 태도를 지속적으로 유지되게 하였다. 그 결과 이원론의 세상은 일원론적 존재들을 혼란에 빠뜨리게 한 것이 아닐까? 이 책에서 일지사상(一止思想)은 암묵적으로 분리된 사고를 요구하는 이원론이 잘못됐음을 문제로 제기하였고, 또한 잘못된 부분을 바로잡기 위한 일원론을 옹호하는 글이기도 하다.

"나와 항상 선(善)함이 함께하시길…"

해월(海月) 서병곤(徐丙坤)

차
례

들어가는 말   4

|1부| 일지(一止)사상

Ⅰ. 유기적 인식론과 일지(一止)사상

1. 유기적 인식론   15
2. 일지(一止) 상태와 유기적 인식론   20
3. 인간이 매개체가 된 유기적 인식론의 세계관   24
4. 일지(一止)란 무엇인가?   32
5. 일지(一止) 상태에 대한 고찰   34
6. 일지(一止) 사고를 위한 방법   40
7. 일지적(一止的) 상태가 드러난 세계   47
8. 일지(一止) 상태로 바라본 세계   52
9. 일지(一止) 상태의 다양한 관점과 표현   61
10. 무형계와 유형계가 연결되는 상태를 어떻게 표현해야 하는가?   66

Ⅱ. 바름(正)과 일지(一止)사상의 관계

1. 바름(正)의 의미   69
2. 바름(正)의 철학이란   70
3. 바름(正)의 철학적 접근   72
4. 바름(正)의 실천 방법   73
5. 바름(正)의 철학과 일지사상(一止思想)   76
6. 무형계와 유형계의 경계면 사상   80
7. 일지(一止)사상과 바름(正)의 경계면 사상   83

Ⅲ. 일지(一止)사상과 다양한 사상들과의 관계

1. 일지(一止)사상과 동·서양 철학   86
2. 일지(一止)사상과 공자, 맹자, 순자 사상 비교   88
3. 일지(一止)사상으로 성찰하는 서양 철학 및 세계관   91
4. 일지(一止)사상과 고대 동·서양 철학   93
5. 일지(一止)사상과 단군 사상   95
6. 일지(一止)사상과 경천애인 및 홍익인간   99
7. 일지(一止)사상과 원효의 일심사상(一心思想)   101
8. 일지(一止)사상과 퇴계·율곡 사상   103
9. 일지(一止)사상과 한국 전통 사상   107
10. 일지(一止)사상과 정도·중용·중도·권도   110
11. 일지(一止)사상과 주역 사상   111
12. 일지(一止)사상과 종교적 관계   121
13. 일지(一止)사상과 유교의 천명 사상과 기독교 발출론   124
14. 일지(一止)사상과 토마스 아퀴나스와 칸트 그리고 플로티누스   126
15. 일지(一止)사상과 마음의 관계   130
16. 일지(一止)사상과 『인간과 짐승』   132

IV. 일지(一止)사상과 윤리 교과의 관계들

1. 일지(一止)사상과 도덕과 윤리의 관계   136
2. 일지(一止)사상과 고교 윤리 교과의 생윤, 윤사, 고윤과의 관계   138
3. 일지(一止)사상과 다양한 한국사상들과의 관계   140

| 2부 |
참과 거짓 - 인간의 언어와 짐승의 언어

I. 바름(正)

1. 바름(正)의 철학이란?   145
2. 바름(正)의 적용 상태와 실천 방안   147
3. 바름(正)의 철학과 일지(一止)사상의 관계 정립   148
4. 바름(正)의 철학과 일지(一止)사상 그리고 무형계와 유형계 경계의 소통처로서의 사상   150

II. 언어

1. 언어(言語)란 무엇인가?   152
2. 언어(言語)의 구분   154
3. 참(眞)의 문자로서의 해석   155
4. 참(眞)으로서의 구체적 의미   159
5. 거짓(不眞)으로서의 의미   172
6. 매개어로서의 의미   177
7. 거짓말   180
8. 몸으로 판단하라   209
9. 인간이 만들어가야 할 세계   215

1부

일지(一止)사상

I
유기적 인식론과 일지(一旨)사상

1. 유기적 인식론

유기적이란?
 각 부분이 서로 분리되지 않고 밀접하게 연결되어 전체를 구성하는 상태를 의미한다.

유기적 관계란?
 각 부분이 밀접하게 연관되어 전체를 이루고 있어 따로 떼어낼 수 없는 관계를 의미한다.

인식론(認識論)이란?
 인식론(認識論=Epistemology, Theory of knowledge)은 ① **앎**, 혹은 ② **지식의 본성과 범위를 연구하는 철학의 분과**에 해당한다. 이를 **지식론**

(知識論)으로 부르기도 한다.

　인식론은 사람이 무언가를 안다는 게 어떤 것인지, 사람이 무언가를 어떻게 알 수 있는지, 참과 거짓은 어떻게 분별하는지 등을 **탐구하는 것이 주된 과제**다.

　인식론에 관한 개념을 구체적으로 분석하여 살펴보면 다음과 같이 이해될 수 있다. 인식론을 '① **앎** 혹은 ② **지식의 본성과 범위를 연구하는 철학의 분과**'로 본다면 ①의 **앎**의 의미는 **지식의 범주를 넘어갈 수 있다**. 왜냐하면 ①의 앎은 보이는 영역에서 보이지 않는 영역으로 확대되어 해석될 수 있기 때문이다. 이러한 확대해석의 가능성은 인간이 매개체가 되어 보이는 영역과 보이지 않는 영역을 모두 이해할 수 있는 연속성으로 이어지는 유기적 관계로 보이게 된다. 이러한 유기적 관계는 인식 주체에게는 보이는 영역과 보이지 않는 영역이 분리된 관계가 아닌 연속성으로 이어지는 **일원적인 관계로** 보이게 되는 것이다.

　반면에 인식론이 ②의 **지식의 본성과 범위를 연구하는 철학의 분과로** 해당한다는 표현은 인식의 의미가 **생각과 사고를 통한 지식(논리적)으로 다룬다는 의미로** 이해될 수 있다. 그러므로 **생각과 사고를 통한 지식으로 다룬다는 의미**는 단순히 머리, 즉 두뇌로만 다루는 **생각의 논리·사고의 논리**가 되는 것이다. 이러한 논리를 두뇌의 '**헤아림**'으로 표현될 수 있을 것이다.

　따라서 ① **앎**의 의미는 앎의 주체인 인간을 매개로 알게 되는 인식은 생각과 사고만을 통한 것이 아니라, 이들을 포함한 모든 '유기적 관계로의 앎'으로 이해해야 한다. 모든 '유기적 관계로의 앎'의 의미는 앎의 주체가 인식하는 방법이 '보이는 것'은 경험과 체험이 바탕이 되는 생각과 사고로 그리고 '보이지 않는 것'은 체득처와 체득처를 지닌 자들의 앎을 기반으로 하는 '유기적 인식'으로 알 수 있는 '유기적 관계로의 앎'의 결과로 표현할 수 있다.

  우리는 '유기적 인식'의 의미를 개념 정의 후 '유기적 인식'을 통한 앎을 '유기적 인식론'으로 표현될 수 있음을 살펴보도록 하겠다. '유기적 인식'을 정의하기 위해서 먼저 '인식한다.'는 의미를 이해하도록 하자. '인식한다.'의 의미는 인식 주체에게 인식 대상이 있을 때 인식하는 행위가 이루어지는 것이다. 이러한 인식 행위는 인식 주체를 통한 인식 대상에 따른 인식됨의 앎을 형성하게 된다. 인식 주체가 인식하여 알게 된 인식됨의 앎은 인식 주체가 인식하려는 인식 대상으로 '보이는 것'과 '보이지 않는 것'으로, 이는 모든 것에 대한 인식 대상이 되는 것들에 대한 앎이라 할 수 있다.

  인식 주체로서 인식 세계가 두 부분으로 나누어 보는 존재로서의 인식 주체가 아니라 두 부분이 함께 보여지는 동시의 영역을 헤아리는 인식 주체라 할 수 있다. 인식 주체는 두 영역 중 눈에 '보이는 것'은 경험도 하고 체험도 할 수 있지만, 눈에 '보이지 않는 것'은 모두에게 공통되지 않는 경험이나 체험을 통해 알게 되거나 혹은 인식 주체가 체득된 '어떤 것'에 대한 인식이라 표현할 수 있다.

  누군가는 인식 주체로서 '어떤 것'을 알게 될 때 그것을 일부에서는 직관이 아닌가 주장을 한다. 그러나 직관으로 발생하는 '어떤 것'도 있을 수 있지만, 직관이 아닌 '어떤 것'도 있다. 이렇게 알게 된 인식 대상으로의 상황의 것을 인식 주체로서는 '알다.' 혹은 '알았다.'라고 말할 수 있는 '**앎**'이라 할 수 있다. 이렇게 말할 수 있는 '**앎**'을 알게 되었다는 의미로 '깨달았다.'라고 표현할 수 있는 것이다. 그러므로 '깨달았다.'의 의미는 직관적 앎도 내포되어 있지만 그렇지 않은 앎도 있기에 이를 직관적 앎이라고 단정하는 것은 극히 **편협된 사고**로 볼 수 있는 것이다. 내가 이해하지 못한다고 해서 직관적 앎으로 단정하는 것은 앎이 지닌 포괄적 의미를 이해하지 못한 결과라 할 수 있다. 이러한 결과는 '**생각한다.**'와 '**사고한다.**'라는 것이 단지 두뇌의 논리에 의해 모든 인식을 이해하고 결정되어진다는 것은 매우 불행한 것이다. 우리는 이러한 불행한 것을 이성(理性)적이라 표현하며 합리적(合理的)이라고 부르며 살고 있는 것이다.

과연 '**생각의 논리·사고의 논리**'가 이성(理性)에 부합하는 합리적(合理的)인 것이라 주장할 수 있을까. 개인적으로 그렇다고 보는 데에 동의할 수 없다. 왜냐하면 세상을 이해하는 방식은 인식 주체가 매개자가 되어 '보이는 세계'와 '보이지 않는 세계'를 어떻게 보느냐에 따라 **이원론적 사고**인가 **일원론적 사고**인가로 구분하여 볼 수 있기 때문이다.

여기서 **이원론적 사고의 바탕이 되는 것**이 두뇌의 논리인 헤아림으로 '**생각의 논리·사고의 논리**'라 할 수 있으며, **일원론적 사고의 바탕이 되는 것**은 '**유기적 인식**' 체계에서 비롯됐다고 볼 수 있다. 따라서 '**유기적 인식론**'은 인식 주체가 **일원론적 사고의 체계**로서 '보이는 세계'와 '보이지 않는 세계'의 두 영역을 바라보는 **인식 방법**이라 할 수 있습니다.

우리의 선인들 중 '보이는 세계'와 '보이지 않는 세계'의 두 영역을 바라보는 **인식 방법**으로 제시해 준 **'유기적 인식론'**은 두 가지 형식을 살펴볼 수 있다.

첫째는 언어적 표현이다.
언어적 표현으로는 석가족의 태자였던 석가모니가 태어날 때 **천상천하유아독존**(天上天下唯我獨尊)으로 나타낸 것이라 할 수 있으며,

둘째는 그림으로 표현된 것이다.
그림으로 표현된 것으로는 라파엘로의 아테네 학당의 그림에서 **플라톤과 아리스토텔레스가 보여준 손의 모습**이라 할 수 있다. 그림에서 플라톤은 오른손의 손가락을 하늘을 방향을 가리키고 있으며, 아리스토텔레스는 오른손의 손바닥을 땅을 향한 방향으로 가리키고 있는 모습이다.

이러한 두 가지의 표현 중 첫째는 인간이 '보이는 세계'와 '보이지 않는 세계'의 매개체가 되어 두 세계를 인식하는 일원론적으로 바라보는 **'유기적 인식론'의 주체**임을 보여주는 사례라 할 수 있다. 두 번째는 매개자로서 인간이 '보이는 세계'와 '보이지 않는 세계'를 각각으로 인식하도록 요구된 이원론적 표현의 사례로 볼 수 있다. 이 둘의 관점은 동일한 세계의 두 양태를 첫 번째는 유기적 관계로, 두 번째는 분리된 관계로 보도록 요구되고 있는 것이다.

2. 일지(一止) 상태와 유기적 인식론

　일지(一止)란 '불변하며 전일(全一)함이 유지되는 상태.'를 말한다. 이는 '생각의 끝'에 이른 것으로서 생각이 더 이상 발생하지 않는 상태인 것이다. 이를 불교에서는 '적멸(寂滅)'이라고 표현하고 있다. 이러한 '적멸(寂滅)'의 상태를 허공(虛空)처럼 텅 비어 아무것도 없다고 하는 것으로 '공(空)'이라 하는 것이다. 그러므로 적멸(寂滅)되어 텅 비어 공(空) 상태가 되면 해탈(解脫)이 되었다고 표현할 수 있는 것이며, 이 해탈(解脫) 상태가 지속적으로 이어질 때 열반(涅槃)에 들었다 하는 것이다.
　적멸(寂滅)되어 해탈(解脫)에 이른 상태가 지속적으로 이어져 열반(涅槃)에 들어가면 그 상태를 일지(一止) 상태라 이르는 것이다.

일지(一止) 상태에 이르면 지혜가 발현되는데 발현된 지혜로 인해 일지(一止) 상태에 이른 자는 대상에 따라 즉대적(卽對的)적 반응을 하게 된다. 여기서 즉대적(卽對的)인 반응이란 유교적인 천인합일(天人合一)의 상태이자 격물치지(格物致知)에 이르러 물아일체(物我一體)의 모습을 표현한 것이다. 이런 모습에 대해 유교에서는 '일상적인 태도와 함께 결과를 만들어 낸 상태'를 거경궁리(居敬窮理)로 표현하고 있으며, 이때의 일상적인 상태를 거경(居敬: 항상 마음과 몸을 삼가서 바르게 가지는 것)이라 하고 이러한 태도의 지속적인 모습의 결과가 궁리(窮理: 이치나 진리를 끝까지 탐구하는 것)라 할 수 있다. 그러나 누구나 일지(一止) 상태에 이르기 위해서는 논리와 추론을 통한 이치나 진리를 탐구하는 의미로서의 궁리(窮理)를 헤아림이라 하면, 이러한 헤아림의 상태를 뛰어넘는 줄탁동시(啐啄同時)의 시기가 이루어져서 한결같은 지속성이 유지될 때를 일지(一止)라 할 수 있다.

반면에 고대 그리스 철학에서는 일지(一止)란 소크라테스의 맑은 영혼(靈魂: 육체로부터 독립적인 정신체로서 육체에서 벗어나 독자적으로 존재할 수 있다고 여겨지며, 사후에도 존속할 것으로 여겨지는 것. 사람이 살아있는 동안에는 체내에서 생명과 정신의 원동력이 되어주며, 육체와 정신을 관장하는 인격적인 실체이자 비물질적인 존재이기에 감각으로 인식되는 세계를 초월한 존재로 여겨진다)의 모습이자 플라톤의 이데아(Idea: 보편적 본질인 것)이며 아리스토텔레스가 말하는 최고선(最高善)의 행복의 극치에 도달한 상태를 말하는 것이 아닐까? 왜냐하면 맑은 영혼의 모습이란 오염되지 않은 것으로 지극히 순수한 그 자체의 모습으로, 보편적 본질 그 자체와 일치되기 때문이다. 그러므로 동·서양 모두가 일지(一止)에 대한 접근 방식과 다뤄진 표현이 각 시대와 사람들이 거주한 곳과 언어에 따라 다르게 표현된 것으로 생각된다. 그러면 일지(一止)에 대한 현대적인 모습은 무엇일까? 그것은 '불변하며 전일(全一)함이 유지되는 것.'으로 바름(正)의 상태를 뜻하는 것이라 할 수 있다. 그러므로 바름(正)의 모습인 일지(一止)는 '불변하며 전일함이 유지되는 것.'이기에 거짓이 스며들 수 없는 참된 이치와 동일시되는 것으로 볼 수 있다. 우리는 이러한 참된 이치를 진리(眞理)라 부르는 것이 아닌가? 따라서 '불변하며 전일함이 유지되는 것.'을 일지(一止)라 표현하고 진리의 상태라 하는데, 이러한 진리의 상태는 유일한 존재의 형태로 볼 수 있다. 유일한 존재 상태로서의 진리는 모두에게 보편성과 절대성을 갖춘 것으로 보게 되기에 이를 절대적인 것으로 표현할 수 있다. 그리고 이처럼 진리가 보편적이고 절대적인 것을 갖춘 자로서 절대자 혹은 신(神, GOD)이라 부르게 되는 것이다. 이러한 절대자, 신(神, GOD)을 동양에서는 천(天)이라 부르고 도(道)라 부르며, 불(佛)이라 부르게 된다. 이들이 지닌 성질의 속성은 참된 이치로서 거짓이 없는 자연스러운 모습이기에 자연(自然)스러움으로 부르게 된다.

  위와 같은 절대자, 신(神, GOD), 천(天), 도(道), 불(佛) 그리고 자연(自然)의 속성은 보이는 세계와 보이지 않는 세계의 매개자에게는 천상천하유아독존(天上天下唯我獨尊)의 모습으로 드러나게 되는 것이다. 이러한 천상천하유아독존(天上天下唯我獨尊)의 모습으로 드러남은 매개자가 보이는 세계와 보이지 않는 세계를 인식하는 자가 되기 때문에 두 세계에 대한 인식자의 역할이 부여되는 것이다. 인식자의 이 역할은 매개자가 중심이 되어 보이는 세계와 보이지 않는 세계가 서로 소통하게 되는 것이다. 이때 매개자의 소통 방법은 이원론적인 분리의 개념이 아니라 통합적인 인식 능력을 지닌 유기적 인식론자의 모습으로 일원적인 개념으로 나타나게 된다.

이러한 소통 방법을 취하는 것으로는 다음과 같이 살필 수 있다.

서양 그리스 철학에서는

첫째, 소크라테스의 '너 자신을 알라.'와 맑은 영혼을 보존하라.

둘째, 플라톤의 이데아(Idea)의 세계를 인식하라.

셋째, 아리스토텔레스가 말하는 최고선(最高善)의 행복의 극치를 이루라는 것이다.

중세와 근대에 있어서는

넷째 아리스토텔레스와 같은 주장을 한 아우구스티누스의 최고선(最高善)의 행복의 극치를 이루라는 것.

다섯째, 토마스 아퀴나스의 영원법[신(神)의 이성과 일치하는 법].

여섯 번째, 스피노자의 신(절대적으로 무한한 존재, 즉 모든 것이 각각 영원하고 무한한 본질을 표현하는 무한한 속성으로 이루어진 실체로 이해한다.' '신 이외에는 어떠한 실체도 존재할 수 없으며 파악될 수도 없다.)의 본성.

일곱 번째, 칸트에 의한 선의지(善意志: 그 자체로 선한 의지) 등으로 표현할 수 있다.

동양에서는 유교에서의 천인합일(天人合一)의 관점, 도가의 물아일체(物我一體) 그리고 불교의 천상천하유아독존(天上天下唯我獨尊)의 관점이 모두 일지적(一止的) 관점이라 할 수 있다. 그리고 고등 종교에서 이루는 관점이 정당한 관점이라면 그들 관점 역시 일지적(一止的) 관점이어야 한다. 이처럼 일지적(一止的) 관점이란 매개자가 보이는 세계와 보이지 않는 세계를 소통하는 유기적 인식론의 출발점이 되는 것이다. 이러한 유기적 인식론의 출발은 첫째 인식의 영역이 통합적이어야 한다. 여기서 통합적이란 천상천하유아독존(天上天下唯我獨尊) 식의 관점으로 천인합일(天人合一)과 격물치지(格物致知)가 바탕이 된 물아일체(物我一體)의 관계가 포함된 인식의 형태여야 한다. 그러므로 일지적(一止的) 관점이란 분리해 보지 않고 통합적으로 보는 인식의 매개자가 되었을 때 가질 수 있는 관점이라 할 수 있다. 이러한 일지적(一止的) 관점의 매개자 입장은 사심과 이기심, 그리고 탐욕스러운 자기중심적인 사고가 아닌 지혜로운 대응이 즉대적인 사고에서 도출되어 나올 수 있는 '자리이타(自利利他)적인 관점'이 되어야 한다. 그러므로 유기론적 인식론이란 보이는 세계에서는 정견(正見)의 입장으로 정도(正道)를 실현하는 것이지만 가장 쉬운 유기적 인식론적 방법의 접근은 '자리이타적인 관점'을 지녔을 때 생활 속에서 발현되는 것이라 할 수 있다.

3. 인간이 매개체가 된 유기적 인식론의 세계관

우리가 살아가는 이 세상은 분명 보이는 세계와 보이지 않는 세계로 설명될 수 있다. 보이는 이 세계에 존재하는 모든 것, 그들을 만물이라 한다. 이러한 만물 중 보이는 세계와 보이지 않는 세계인 두 세계를 매개하는 자가 사람이자, 또한 두 세계를 매개하여 설명할 수 있는 자가 사람인 것이다. 이러한 두 세계를 매개하고 있는 매개자로서 두 세계의 소통처에 따라 소통할 수 있는 소통자가 사람이 된다. 따라서 어떤 사람이 두 세계를 소통하는 소통자라면 그는 두 세계를 매개하며 설명하는 매개자가 된다. 예를 들면, 과거 제정일치 사회에서 한 사람이 제사장 겸 통치자로서 두 세계의 소통자이자 매개자의 역할을 하였다. 즉 한 사람이 보이는 세계와 보이지 않는 세계를 함께 소통하며 다루었던 시대인 것이다. 이러한 시대에 매개자가 두 세계를 매개할 수 있는 것은 그가 **일지(一止) 상태의 바름(正)**을 유지할 수 있기 때문이다. 이렇게 바름(正)이 유지되는 상태는 두 세계를 매개하는 매개자가 보이지 않는 세계에서 비롯된 자신의 **맑은 영혼**을 잘 보존하는 것이 된다. 왜냐하면, **맑은 영혼을 보존하는 자**는 두 세계를 매개하는 매개 지역인 경계면에서 **일지(一止) 상태의 바름(正)을 유지하는 자**이기 때문이다. 이처럼 **맑은 영혼을 유지한 자**는 보이는 세계와 보이지 않는 세계에서 두 양태의 속성인 **바름(正)**을 유지하는 데 이 **바름(正)을 경계면에서 유지하는 상태를 일지(一止) 상태라 하는 것이다**. 이러한 **일지(一止) 상태**의 드러남의 결과는 **보이지 않는 세계의 양태가 보이는 세계**를 통해 다양한 만물로 발현하게 된다. 또한 보이는 세계의 모든 만물이 발현하는 각각의 맑은 영혼은 **일지(一止) 상태의 바름(正)을 지킴으**로써 깨달음의 지혜가 드러나게 되는 것이다. 이때의 '지혜로움'은 **바름(正)에서 비롯되는 것에서** 깨달음의 지혜가 드러나는 것을 **중용(中庸)**이라 칭하며 **권도(權道)**라 부르기도 하지만 맹자에 의하면 이를

천형(踐形): "形色, 天性也; 惟聖人, 然後可以踐形": 성인(聖人)이 밟아 나가는 것)으로 표현하고 있다.

보이지 않는 세계와 보이는 세계인 두 세계를 소통시키는 매개자는 이러한 천형(踐形)으로 드러나는 실천적인 지혜의 발현을 다음과 같이 표현할 수 있다. 일지(一止) 상태의 바름(正)을 실천하는 모습인 천형(踐形)을 따르는 매개자의 모습은 하나는 자신의 내적 관계로 선(善)을 잘 유지 보존하는 것이며, 다른 하나는 외적 관계로 의(義)의 관계를 실천하여 공동체의 일원으로서 공동체에서 바름(正)에 따른 바람직한 관계를 맺게 되어 조화를 구현하고 질서를 유지하는 자가 된다.

이러한 **일지(一止) 상태의** 바름(正)에 따른 관계를 맺는 시대를 정도(正道)의 시대라 하며 이 시대는 권도(權道)와 중용(中庸)이라는 생활의 실천 도구를 통해 현실에서 자신의 모습을 내·외적으로 보존 및 유지하여 스스로 바른 행위로 드러나게 되는 것이다. 그러므로 정도(正道)의 시대는 자신의 내적 관계로 선(善)을 잘 보존하고 유지하며, 외적 관계로는 의(義)의 관계를 실천하게 하는 바름(正)의 일지(一止) 상태를 유지하면서 보이지 않는 세계의 양태를 보이는 세계로 드러나게 되는 것이다. 이는 **보이지 않는 세계가 지닌 양태의 속성을** 보이는 세계에 드러나게 하는 것이 된다. 이렇게 보이는 세계에서 드러나는 방법을 정도(正道)라 하고 정도의 성질을 보이는 세계와 보이지 않는 세계로 소통하는 양태의 모습이 바로 바름(正)이다. 이 바름(正)이 보이는 세계에선 내적으로는 선(善)함을, 외적으로는 의(義)가 실천되는 모습을 갖추어 전체적인 조화의 완성체를 이루면서 정도가 드러나게 한다.

이러한 정도(正道)의 시대는 각자가 자신의 맑은 영혼을 잘 보존하고 유지하여 나 이외 것들과 관계를 외적 관계인 의(義)가 바탕이 되는 바름(正)을 바람직하게 드러내는 관계의 시대인 것이다. 이 바름(正)을 드러내는 정도(正道)에 따른 시대는 바름(正)에 따른 지혜로움이 충만한 시대가 되어 갈등이 최소화가 된 정의 사회를 구현하게 된다. 정의 사회가 구현된 시대는 바른 질서가 바탕이 되는 조화로운 시대가 될 것이다.

이러한 조화의 시대는 바름(正)이 풍만해지는 사회가 되게 하며, 또한 바름(正)에 입각한 사람이 공동체 일원으로 동참하게 되는 시대인 것이다. 이러한 바름(正)에 입각한 사람의 공동체 동참은 공동체에서 일지(一止) 상태의 확장을 가져오게 된다. 이러한 일지(一止) 상태의 확장은 공동체의 일원 모두가 보이지 않는 세계와 보이는 세계를 소통하는 매개자와 같은 삶을 살고자 하는 태도를 보이는 것이다. 이러한 공동체 일원이 지닌 바람직한 태도가 주변으로 확장되면서 공동체의 바름(正)에 대한 지속적인 성장을 키우게 되는 것이다. 그러므로 공동체의 바름(正)에 대한 성장은 보이는 세계에서 바람직한 관계를 맺는 조화로운 공동체의 모습을 자리이타(自利利他)로 현현하게 된다. 이렇게 현현된 사회로는 유교의 대동 사회이자, 노자의 소국과민이며, 하나님의 천국이자, 석가모니의 불국토를 이루는 것이라 할 수 있다.

그러나 바람직한 공동체의 성장이 더욱 확대되면서 공동체의 안정이 지속되어야 하나 일부 공동체 일원들이 개인의 욕심[**자신(우리)만의 이익 혹은 편함을 추구함으로써**]과 탐욕적 태도로 인한 갈등의 조짐이 발생할 수 있게 된다. 이러한 것을 염려하여 노자는 백성이 과하지 않는 적정한 상태의 소국과민(小國寡民)의 국가를 요구한 것으로 생각된다.

  사람들이 자신의 생명과 재산을 보호하기 위해 공동체를 형성하기 시작하면서 공동체에서 자연스럽게 리더의 무리가 만들어지게 된다. 그러나 무리의 리더 중 일부가 사적인 이익과 편함을 추구하는 탐욕으로 인해 일지(一止) 상태의 바름(正)에서 이탈되면서 공동체가 갈등을 겪게 된다. 이렇게 돌출된 갈등은 공동체에 부조화를 발생하게 한다. 이러한 부조화는 공동체의 무리 중 일부가 지나치게 자신의 이익이나 편함을 추구하면서 공동체 집단이 추구하는 일지(一止) 상태의 바름(正)이 상실하도록 만들게 된다. 바름(正)의 상실은 조화로운 사회에서 갈등과 다툼으로 인해 분열이 발생하기 시작한다. 이와 같은 분열 조짐은 공동체 결속의 힘이었던 바름(正)이 유지되는 일지(一止) 상태가 무너지는 현상이라 할 수 있다. 일지(一止) 상태의 바름(正)이 무너짐으로 인해 공동체는 조화롭지 못하고 무질서한 비도덕적인 상태로 점차 확산하게 되었다. 일지(一止) 상태의 무너짐은 사소한 이익과 편함을 추구하려는 개인들의 욕심이 드러남으로 인해 바름(正)이 흔들리면서 바르지 않음(不正)이 발생하기 시작한 것이다. 공동체에서 이러한 일지(一止) 상태의 바름(正)이 유지되지 못하는 것이 공동체 일원 중 일부가 자신의 이익과 편함만을 위해 자기 입장만을 요구함으로 인해 바름(正)의 둑이 무너지게 되어 버린 것인데, 바름(正)의 둑이 무너지는 현상은 공동체 일원 중 나만의 이익과 집단의 이익만을 요구하게 되는 행위로 인해 부정의(不正義)한 기회를 행동으로 옮기게 되는 것이다.

나만의 이익과 집단의 이익만을 위한 것, 이것은 공동체 사회에서 바르지 않음(不正)과 바름(正)의 대립으로 인한 갈등과 다툼의 소용돌이에 휩쓸리게 한다. 이러한 갈등과 다툼은 결국 일지(一止) 상태의 전일함을 보존하거나 유지하지 못하게 한다. 일지(一止) 상태에서의 전일함이 무너지는 것은 맹자의 천형(踐形)을 밟지 못함으로 인해 개인적으로 평정심이 깨지면서 가슴의 두근거림과 함께 혼잡함과 두려움을 급속히 불러일으키게 된다. 이러한 혼잡함과 두려움은 공동체가 바름(正)보다는 바르지 않음(不正)을 급속히 확대해 가면서 혼란한 사회를 만들어가게 된다. 사회의 혼란함은 개인의 이익과 편안함으로 인해 일지(一止) 상태의 조화로움이 깨지면서 공동체의 갈등을 가져오고 공동체의 갈등은 분쟁과 다툼을 일으키게 되면서 크게는 전쟁으로 비화하기도 한다. 이처럼 공동체의 커다란 변화는 마침내 한 시대의 흐름에 대해 변화를 발생시키는 실타래가 되기도 한다. 결국 각자가 추구하는 나만의, 우리만의 집단이 추구하는 작은 이익과 편함이 누구도 예측할 수 없는 탐욕 시대로의 변화를 가져오기도 한다.

   탐욕으로 인한 부조화의 시대에 사람들이 사는 공동체는 나만의, 집단만의 이익을 만들어가려는 자리(自利)만 추구하는 자들이 많아지면서 타자들과의 갈등과 분쟁이 증가하게 된다. 이러한 갈등과 분쟁의 많아지는 기간을 거치면서 제정일치 사회의 통치자에서 권력은 강한 자, 즉 힘센 자로 넘어가게 된다. 이러한 변화는 제정일치 사회가 끝나가게 되도록 만들어지게 되면서 제사(종교)와 정치가 분리되는 사회가 된 것이다. 제정일치 사회의 종말은 일지(一止)의 '전일함' 상태가 현실 속에서 무너짐으로 인해 점차 바름(正)에서 벗어나게 된다. 바름(正)에서 이탈되는 공동체 사회가 권력 중심의 사회가 되면서 바름(正)을 지키려는 도덕적인 사회보다 이익만을 우선적으로 추구하는 부도덕적인 사회를 형성하게 된다. 이러한 변화가 제정일치 사회에서 제사와 권력으로 분리되는 종교와 정치의 분리를 발생하게 된 원인이라 할 수 있다.

이처럼 자리(自利)만을 추구하는 공동체로 인해 바름(正)을 상실해 가게 되었고, 권력 중심의 부도덕적인 사회가 되었다. 이와 같이 종교와 정치의 분리로 인한 공동체에서 각각의 역할을 살펴보면, 종교는 지혜로운 자의 역할을 대신하고 정치는 권력을 지닌 힘센 지도자로 성장된 것이라 할 수 있다. 이러한 분리의 시기를 거치는 과정에서 완전한 분리가 이뤄지지 않은 초기 상태에서는 두 관계가 어정쩡한 모습으로 현상을 유지하게 된다. 초기 상태는 종교와 정치의 분리로 인해 권력을 쥔 정치 지도자가 스스로 판단하기 어렵거나 불안하면 지혜로운 자(종교인)를 찾게 되는 시대인 것이다. 요즘도 어려움에 직면한 권력을 쥔 정치인들이 지혜로운 종교인과의 대담을 통해 공동체를 위한 바람직한 결정을 하려고 노력하는 태도는 이와 같은 입장의 지속적인 모습으로 볼 수 있다.

누군가 보이는 세계와 보이지 않는 세계를 매개하는 매개자가 된다는 것은, 그가 일지(一止) 상태의 바름(正)을 지키는 자이자 깨달은 자로서 지혜로운 자이자 종교적인 사람인 것이다. 두 세계를 매개하는 자가 자신을 중심으로 두 세계를 관찰하게 되면 관찰된 두 세계가 마치 분리되어진 이원론적 세계로 보이는 것 같을 것이다. 그러나 매개자가 스스로 두 세계를 매개함으로 인해 자신이 포함된 두 세계를 유기적 관계로 맺게 된 것을 알게 된다면 온전한 세상이 갖춰진다는 것은 자신을 포함한 보이는 세계와 보이지 않는 세계가 통합적이고 전체적인 유기적인 세계로 구성되어 있다고 할 것이다.

그러나 이러한 통합적이고 전체적이며 유기적인 세계의 인식을 지닌 매개자로서 입장이 아닌, 분리된 세계로 인식하는 자들에 의한 관점에서 세계를 분리하여 보게 된다면 그들은 세계를 이원론으로 표현할 것이다. 이때의 이원론적 입장을 주장하는 이들은 두 세계의 경계인이지만 스스로 그 자신을 보이는 세계(유형계)의 한 존재로만 보려는 모호한 입장을 지니게 된다. 이러한 모호한 입장의 모호성이 사람들에게 보이지 않는 세계를 믿음으로 포장하여 분리된 세계로서의 종교를 만든 것이고, 보이는 세계를 두뇌와 오감으로 나누어 보니 합리론과 경험론으로 치장하게 된 것으로 보인다.

이제 우리는 두 세계를 분리하지 않는 매개자로서 두 세계를 소통하는 유기적 인식론자로 세계를 바라보는 힘이 필요하다. 이러한 힘을 소유한 자를 소크라테스는 **맑은 영혼을 유지한 자**라 하였으며, **맑은 영혼을 유지한다**는 것은 **일지(一止) 상태의 바름(正)**을 지키는 것이 된다. 따라서 유기적 인식론의 관점을 지니기 위해서는 **맑은 영혼을 유지한 자**가 되거나 **일지(一止) 상태의 바름(正)**으로 세계를 바라볼 줄 아는 태도를 유지해야 한다. 이러한 유기적 인식론의 능력을 보유한 자는 세계를 일원적으로 통합해 보는 힘을 가지게 된다. 우리가 지금은 보이지 않는 세계에 대한 체득적인 부분이 없다 하더라도 세계를 바로 보는 눈으로 정견(正見)의 입장을 건지하게 된다면 그것이 일지(一止) 상태의 바름(正)을 유지하게 되는 것이라 할 수 있다. 이는 믿어서 되는 것도 아니고 합리론이나 경험론으로 읽히는 세상도 아닌 것이다. 오로지 맑은 영혼을 보존하고 유지하며 일지(一止) 상태의 바름(正)으로 바름(正)에 따른 정견(正見)의 입장을 지킬 줄 알 때 그러한 사람을 **'일원론적 유기적 인식론'을 실행하는** 자라 부를 수 있는 것이다.

4. 일지(一止)란 무엇인가?

일지(一止)란 '변화가 없는 고요함의 정지 상태'를 유지하는 것으로 적멸(寂滅)로 표현될 수 있다. 여기서 '변화가 없는 고요함의 정지 상태'란 '모든 것이 한결같은 것'이기에 '전일(소一)함'으로 표현할 수 있다. 이러한 '전일함'을 유지하기에 일지(一止)의 일(一)이라 할 수 있으며, 일지(一止)의 일(一), 이를 유지되는 것으로 '지속적인 유지 상태'를 지(止)라 표현하여 '그치다' 혹은 '멈추다'의 언어적 표현으로 제시한 것이다.

이러한 표현을 현대한국불교의 큰스님이었던 성철 스님과 숭산 행원 스님께서는 '생각에 끝이 있다.' 하셨다. 이러한 '생각의 끝'이 있다는 것은 더 이상 생각이 일어나지 않는 곳에 이르렀다는 것이 아닐까? 일지(一止) 상태는 두 큰스님이 언급한 '생각의 끝'에 다다른 것으로 표현된 것으로 볼 수 있다.

이 두 분이 말씀하신 '생각의 끝'은 무엇일까. 아마 '끝에 다다랐다(이르렀다).'라는 표현은 도달한 곳에서 더 이상 갈 수 없는 것 즉, 치지(致知: **참된 지식에 이른다**)의 의미가 아닐까. 그렇다면 '생각의 끝'은 더 이상 생각이 발현되지 않는 상태로서 지혜가 나오는 샘이 아닐까. '생각이 더 이상 발현되지 않는다.'는 것은 생각이 멈춘 상태로서 모든 잡념이나 기타의 것이 떠오름이 없는 상태인 것이다. 이러한 생각의 끝에 머물게 되었을 때의 일지(一止) 상태에서는 모든 대상에 대하여 즉각(즉시)적인 대응을 가능하게 하는 현상이 발생하게 된다. 이는 직관이 아니다. 다만 직관처럼 보려는 사람들에게 직관처럼 느껴질 뿐이지만 직관은 아니다. 왜냐하면 즉각적인 대응으로 드러난다는 것은 일지(一止) 상태의 바름(正)을 유지하는 결과물인 것이다. 또한 일지(一止) 상태의 바름(正)을 유지하는 이것을 실천적 요소로 표현한다면 중용의 상태라 할 수 있다.

그러므로 일지(一止)에 대한 단어의 정의는 다음과 같이 표현할 수 있다.

일지(一止)란?

'생각의 끝'으로 '생각이 더 이상 변화가 일어나지 않는 고요함의 정지 상태를 유지하는 것'이자 '적멸(寂滅) 상태'로 표현될 수 있는 것.

---

5. 일지(一止) 상태에 대한 고찰

일지(一止)란 **변화가 없는 고요함의 정지 상태를 유지하는 것**이라 했다. 고요함이 유지되는 상태를 **생각의 끝에 이르렀기에 생각이 더 이상 발현되지 않는 것**으로 표현할 수 있다. 이러한 일지(一止) 상태에서 드러나는 사물과 현상에 대한 모든 대응은 일지(一止)에 따른 **즉각적인 대응이 되는 바름(正)으로 드러나는 것**이다. 왜냐하면 일지(一止)란 편협함과 이익 그리고 편안함을 계산해서 대응하는 것이 아니라 **일지(一止) 상태의 자연스러운 대응이 바름(正)에 입각한 것**이라 할 수 있기 때문이다. 그러므로 일지(一止) 상태의 바름(正)은 지혜로움의 발생지이자 팔정도(八正道)에 따른 **정견(正見)**의 입장이 된다. 이 **정견(正見)의 입장**은 일지(一止) 상태의 바름(正)에서 비롯되는 판단의 기준을 지니게 되는 것인데, 이것을 '기준을 바르게 세우는 것'으로 표현하게 된다. 우리는 이러한 '바르게 세운 기준'을 통해 모든 사물에 대하여, 모든 현상에 대하여, 모든 사건에 대하여 일지(一止) 상태가 자연스럽게 판단의 기준으로 자리 잡고 유지되는 **선택의 힘**이 될 것이다. 이런 **선택의 힘이 우리의 모든 현상에 드러나 적용되는** 것을 '지혜로움'으로 대체 될 수 있다. 따라서 일지(一止) 상태로 인한 모든 현상에 대한 적용은 다음과 같이 정의될 수 있다.

> 모든 현상에 적용되는 일지(一止) 상태란?
>
> 일지(一止) 상태 = 바름(正) = 정견(正見)의 입장 = 기준을 바르게 세우는 것 = 지혜의 발현(지혜로움) = 바람직한 관계 설정을 이루게 됨. = 이러한 관계 설정은 자리이타(自利利他)로 나타나게 된다.

일지(一止)로 드러난 세상에서 나타난 개인적 현상과 사회적 현상

▶ 개인적 현상

　일지(一止) 상태가 된다는 것은 생각의 끝에 이르니 잡념이 없고 사고의 복잡함을 **단순화**시키게 된다. 또한, **일지(一止) 상태가 된다는 것은** 자연스럽게 **맑은 영혼을 유지**하게 되며 이를 통해 **자신의 기준을 바르게(正) 세우게 된다.** 이는 개인에 있어서 내적으로는 맑은 영혼을 보존하고 유지하는 선(善)함이 있게 되고 외적으로는 바람직한 관계를 맺고자 하는 의(義)의 바른 실현(정의 사회 구현)을 구현하는 데 동참하게 된다. 이러한 동참자의 모습은 개인이 공동체의 일원으로 살아가는 바른 모습이라 할 수 있다.

▶ 사회적 현상

　공동체 일원으로서 일지(一止) 상태에서 비롯된 **개인적 관점을 확대**하여 **공동체에 바람직한 관계 설정이 이루어지도록 노력하는 자의 모습이다.** 그러므로 공동체에서 일지(一止)의 드러남은 **바름(正)의 관계적 조화**로 드러나는 데 그것을 **의(義)**라 하며 **의(義)의 바름을 공동체에서 유지하도록 하는 것이 된다.** 이러한 바름의 유지는 정의(正

義)로 나타나며, 이렇게 나타난 정의(正義)가 공동체에서 유지되는 상태를 정의사회구현으로 이뤄지게 된다. **공동체에서** 정의사회구현을 위한 **정의(正義)를 드러낼 때 방법**은 다양하겠지만 그중 최고의 방법은 '**수신제가치국평천하(修身齊家治國平天下)'의 단계를 밟는 것**이 합리적으로 보인다. 합리적 단계로 보이는 수신제가치국평천하(修身齊家治國平天下)를 4단계로 구분하여 살피면 첫째 수신(修身), 둘째 제가(齊家), 셋째 치국(治國), 넷째 평천하(平天下) 단계를 밟는 것이다. 이를 구체적으로 살펴보면 다음과 같다.

첫째. 수신(修身)

공동체에서 **수신(修身)**이란 좁게는 **극기복례(克己復禮)**이고 넓게는 **수기치인(修己治人)**을 위한 첫걸음이다. 이러한 **극기복례(克己復禮:** 자신의 마음을 억제하고 도리를 따른다.)와 **수기치인(修己治人:** 스스로 수양하고 세상을 다스린다.)은 유학이 실제적인 생활의 장에서 실현하고자 하는 진리 구현의 방식이다. 공자(孔子) 이전의 경전 가운데《서경》에서 말한 **정덕(正德)**과 **이용후생(利用厚生:** 백성이 사용하는 기구를 편리하게 하고 衣食(의식)을 풍부하게 하여 生活(생활)을 潤澤(윤택)하게 함)은 극기복례와 수기치인의 현실에서 드러난 구조이다. 그러나 이 **극기복례와 수기치인의 내용과 형식을 갖춘 글**은《논어》안연(顏淵)편에서 극기복례위인('**克己復禮爲仁:** 자신을 이겨 예를 회복하는 것이 인(仁)이다.')과 일일극기복례, 천하귀인언('**一日克己復禮, 天下歸仁焉:** 하루라도 자신을 이겨 예를 회복한다면, 천하가 인(仁)으로 돌아올 것이다.')이라 하였으며, 헌문(憲問)편에 보이는 '**수기이안인(修己以安人:** 스스로 수양하고 다른 사람을 편안하게 해준다.)'과 '**수기이안백성(修己以安百姓:** 스스로 수양하고 백성을 편안하게 해준다.)'이다. 이 의미는 나도 이롭고 타자도 이롭다는 자리이타(自利利他)의 실현으로 정리될 수 있을 것이다.

그 뒤 맹자(孟子)의 성기(成己: 자기의 완성)와 성물(成物: 백성의 완성), 《대학》의 명명덕(明明德: 명덕(明德)이란 인간의 내면에 간직되어 있는 본래의 밝은 덕)과 신민(新民: 백성을 새롭게 한다.), 장자(莊子)의 내성외왕(內聖外王)은 모두 이와 같은 극기복례와 수기치인의 내용과 유사한 구조를 보여 준다. (※ 친민(親民)은 명명덕(明明德), 지어지선(止於至善)과 함께 『대학』의 3강령 중의 하나이다. 사서(四書) '논어, 맹자, 대학, 중용'이고 삼경(三經) '시경, 서경, 역경'이다.)

자로(子路)가 공자에게 **군자(君子)**에 대해 물었을 때 공자가 '**수기이안인(修己以安人)**'과 '**수기이안백성(修己以安百姓)**'으로 대답한 바와 같이, 이 수기치인(修己治人)은 단순한 개인적인 문제 해결의 방법을 제시하고 있는 것이 아니다.

그것은 개인의 인격 완성과 사회적 문제에 대한 책임을 요청받는 바람직한 인간으로서 군자의 길이며, **책임 있는 성인(成人)**이 실천해야 할 내용인 것이다. 이처럼 수기치인은 자기 현실과 사회 현실을 책임지는 성숙한 인간의 길이기 때문에 **이이(李珥)**는 "성현의 학문은 수기치인에 지나지 않는다."고 단언했던 것이다.

둘째. 제가(齊家)
· **제가(齊家)**는 **수기(修己)** 후 **치인(治人)**의 첫 번째 상황이다. 이는 수

신(修身) 후 제가(齊家)의 단계이므로 **수신제가(修身齊家)**란 몸과 마음을 닦아 수양하고 집안을 다스린다는 의미로 수신(修身)이 안 되면 제가(齊家)를 이루기가 힘들다고 보고 있다.

셋째. 치국(治國)

· 주자의『대학』해제에서 **평천하(平天下)하려면 먼저 자기 나라를 잘 다스리라[治國]**고 말한다. 이것은 바로 **치국은** 그 자체로 완결되는 것이 아니고 결국은 **평천하를 위한 기반**이라는 사실을 인정하고 있다.『대학』에 따르면 치국(治國)을 잘하면 그것이 곧 평천하의 길로 **연결**된다. 그런 의미에서 치국(治國)은 한 나라의 완성을 의미하는 조화의 극치이자 이상 사회의 실현이지만 결국 천하에 이상 사회를 이룩하기 위한 단계의 과정이라 할 수 있다.

이는 **치국이 곧 평천하요, 평천하가 곧 치국의 지름길이다.** 그러므로 일찍이『논어』에서 공자는 이렇게 말하였다. "**천하에 질서가 있는[天下有道] 시대이면, 예악정벌(禮樂征伐**, 예의 제정과 음악의 제작 및 출병과 정벌 등의 모든 중대사)이 최고 통치자인 **천자로부터 결정**된다. **천하에 질서가 없는[天下無道] 시대이면 예악정벌이 제후로부터 결정**된다. 제후로부터 결정되면 10대 안에 무너지지 않는 경우가 드물고, 대부로부터 결정되면 5대 안에 무너지지 않는 경우가 드물고, 대부의 가신이 국가의 대권을 장악하면 3대 안에 무너지지 않는 경우가 드물다. 천하에 **도**가 서 있다면 국가의 정권이 결코 대부의 수중에 있을 리 없고, **천하에 도가 서 있다면** 서인(庶人)들이 국가의 정치를 의론할 리 없다."(『계씨편』) 즉 공자는 천자로부터 온 천하에 모든 중대 명령이 **일사불란(一絲不亂: 한 가닥 실도 흐트러져 있지 않**

다는 뜻으로 다수의 행동이나 의견이 합치되어 일의 체계나 순서가 가지런한 모습 = 순리에 맞게)하게 내려지는 평천하의 세계관을 전제로 하고 있기에 제후의 독립 국가를 인정하지 않고 있다. 그러던 것이 맹자 시대에 가면 어느 정도 제후의 독립 통치권이 인정되다가, 다시 진시황 시대를 거쳐 『대학』이 저술된 한대(漢代) 초기에 이르면 다시 천하 통일 국가를 대전제로 하는 것이 당연시되는데 바로 이러한 **평천하관이 『대학』의 기본 전제**라고 할 수 있다.

넷째, 평천하(平天下)
· 평천하(平天下)는 치국(治國)과 연동되어 확장의 개념으로 살필 수 있기에, 앞서 치국(治國)에서 다룬 내용으로 대신한다.

결국 **수신(修身)**이 돼야 수기(修己)를 바탕으로 **치인(治人)**을 할 수 있다는 것이다. 이는 **자기를 바로 알고(道) 자기 이외의 타자들과 바람직한 관계를 맺는 것(德)** 즉 **도덕(道德)**을 말하는 것이다. 이를 **자리이타(自利利他)**라 하여 바람직한 관계 설정이 이루어지는 도덕으로 표현되는 것이다. 따라서 수신(修身)은 **자신에 대해 경(敬)의 태도와 성(誠)의 실천을 다해 상대에게 드러낼 줄 아는** 자가 되었을 때, 우리는 이들을 **바람직한 관계 설정자**로 표현할 수 있다. 그리고 이러한 바람직한 관계 설정자는 자리이타의 실질적인 실천을 따르는 자가 된다. 자리이타의 실질적인 실천을 따르는 이런 사람이 제가(齊家)와 치국평천하(治國平天下)를 이룰 수 있는 사람이라고 보는 것이다. 지금까지의 수신제가치국평천하(修身齊家治國平天下)의 바람직한 관계를 위해서는 반드시 **내재적 통일성인 일지(一止)** 상태가 유지될 때 바름(正)을 지키고자 하는 선(善)함과 의(義)로움이 실현되는 자리이타(自利利他)의 최고의 조화로움(이상 사회)을 이룰 수 있는 수신제가치국평천하(修身齊家治國平天下)가 될 것이다.

6. 일지(一止) 사고를 위한 방법

일지(一止) 상태에 관한 고찰에서 일지(一止)란 '변화가 없는 고요함의 정지 상태를 유지하는 것'이라 하였다. 여기서 변함이 없는 고요함이란 '생각의 끝'에 다다른다는 의미인데, 이는 그쳐서(止) 변함이 없는(不變) 것으로 일(一)의 의미가 전일(全一)한 상태의 그침(止)을 말하는 것이다. 이때의 전일(全一)한 상태의 그침(止)은 일지(一止) 상태를 표현하는 것으로 일지(一止) 상태에서 벗어나지 않는 모습인 바름(正)의 상태를 유지하는 것이 된다. 따라서 이 일지(一止) 상태의 바름(正)은 보이지 않는 세계와 보이는 세계를 소통하도록 하는 소통의 매개자로서 연계되는 맥이라 할 수 있다. 이 소통의 매개자로서 연계되는 맥은 보이지 않는 세계와 보이는 세계를 소통하는 두 세계의 매개자라 할 수 있다. 그러므로 두 세계를 매개하는 자는 반드시 바름(正)에 근거해야만 두 세계를 소통하는 바람직한 기준을 세우게 되는 것이다. 만일 두 세계를 매개하려는 자가 바름(正)에 처하지 않는다면 바름(正)의 길에서 벗어나는 부정(不正)한 판단을 하게 된다. 누가 되든 판단하는 자가 바름(正)을 유지하지 못하면 바르지 못한(不正) 기준으로 인해 일지(一止) 상태를 유지하지 못하게 된다. 그러므로 누군가가 일지(一止) 상태를 유지하지 못하는 상태가 된다면 그는 본래의 전일(全一)한 상태가 유지되지 못하기 때문에 기준이 일정하지 않게 되는 바르지 못한(不正) 변화가 지속적으로 발생하게 된다. 이러한 지속적인 변화의 발생은 **전일한(一)한 상태의 그침(止)**을 보존하고 유지함을 지켜내지 못하기 때문에 일지(一止) 상태의 바름(正)을 알지 못하게 된다. 그러다 보니 판단하는 자가 전일한(一) 상태의 그침(止)임, '생각의 끝'을 알지 못하여 일지(一止) 상태의 바름(正)을 지킬 수 없기에 기준이 바로 서지 못하게 된다. 일지(一止) 상태의 바름(正)에 따른 기준을 선택할 수 없게 되니 판단하는 자의 판단이 무엇을 선택하든 선택할 때의 선택지가 우왕좌왕하게 되는 상황이 발생된다. 이런 우왕좌왕에 따른 선택자의 태도의 결과는 자신의 선택이 나만의, 내 집단만의 이익 실현만을 위한 결과를 찾아 쫓다 보니 나 이외의 것들에 대해 피해 혹은 훼손을 가하는 것을 망각하게 되는 선택의 결과를 가져오기도 한다. 이런 결과는 공동체의 일원인 판단자에게 나 이외의 것들과의 갈등과 불신을 낳게 되어 공동체를 불신과 불안으로 몰아가는 원인을 형성하게 된다. 따라서 그가 속한 공동체는 갈등과 불신으로 인한 부조화와 무질서가 만연한 신뢰할 수 없는 사회를 만들게 되는 것이다.

그러나 판단자가 일지(一止)적 상태의 바른(正) 사고를 하면 '변화가 없는 고요함의 정지 상태를 유지하는 것'이 되어 바름(正)을 유지할 수 있게 된다. 이러한 바름(正)의 유지는 바람직한 선택을 위한 바람직한 결정의 기준을 세우게 된다. 누가 되든 그가 판단자로서 기준이 바람직하다면 그의 판단은 바람직한 판단에서 벗어나는 선택을 하지 않게 되는 것이다. 그러므로 누군가 바람직한 판단을 하는 자가 되기 위해서는 바람직한 판단을 할 수 있는 바람직한 기준이 필수이기에 그에 따른 정견(正見)의 관점을 지니어 지속적인 바름(正)을 유지하는 것이 매우 중요하다.

왜냐하면 정견(正見)의 관점은 바람직한 판단을 하기 위한 바름(正)의 기준에 서기 위한 가장 빠른 길이자 도구가 되기 때문이며, 또한 이 관점은 누구나 정견(正見)을 통해 바람직한 판단을 위한 바름(正)의 입장을 스스로가 세울 수 있다는 것을 표현한 것이기도 하다. 그러나 누군가 정견(正見)을 통해 바람직한 판단을 할 수 있다는 것은 그 자신이 두 세계에 관해 반드시 안다는 것은 아니다. 그것은 단지 누군가 정견(正見)을 통해 바람직한 판단을 할 수 있다면 그가 지닌 바람직한 판단은 두 세계에 관해 알든 모르든 그는 두 세계를 매개하는 행위를 하는 자라는 것이다. 그러나 만일 누군가 일지(一止) 상태의 바름(正)을 아는 자로서 살아간다면, 그는 두 세계의 매개자이자 소통자로서 바람직한 관계 설정을 할 수 있는 자가 된다. 그러므로 이러한 매개자는 자신의 삶을 일지(一止) 상태의 바름(正)을 통해 지속적으로 꾸려나가는 자가 된다.

이와 같이 누군가 그 자신이 일지(一止) 상태의 바름(正)을 바탕으로 하는 바람직한 관계 설정자라면 그는 자신이 하는 결정이 바람직한 관계 설정의 결과이자 핵심인 **자리이타**의 관점으로 관계를 맺는 자가 될 것이다. 그러나 누군가 일지(一止) 상태의 바름(正)의 입장을 아는 자가 아니라면, 그의 관계 설정은 자신의 내부에는 갈등과 불안함이 있을 것이며, 자기 이외의 것들과는 불신과 불편함이 있기에 시간이 갈수록 갈등과 부조화가 커지게 될 것이다.

이러한 갈등과 부조화로 인한 불안함 그리고 불신과 불편함의 원인은 자신만의, 내 집단만의 이익과 편안함만을 유지하려는 과정에서 발생하게 된다. 따라서 누군가에 대한 이익과 편안함이 '나만이, 혹은 우리만이, 내 집단만이'라는 이기심이 원인이 되어 갈등과 부조화, 불신과 불편함이 발생되게 만들어진다. 여기서 이기심은 자기만의 이익(편함), 혹은 우리만의 이익(편함), 내 집단만의 이익(편함)에서 비롯되는 것을 사리사욕(私利私慾)이라 하고 이것을 이기주의(利己主義) 혹은 자기중심주의(自己中心主義)라 말하는 탐욕의 다른 표현인 것이다.

이러한 탐욕으로서 사리사욕(私利私慾)과 이기주의(利己主義) 혹은 자기중심주의(自己中心主義)의 사람은 바람직한 관계를 설정하는 자리이타(自利利他)의 관계를 맺는 것이 아니라, 오직 자리(自利)와 자신만의 편안함을 요구하기에 자기 이외의 대상들에게 작든 크든 피해를 발생하게 된다.

이를 보다 구체적으로 표현한다면 자기만의 이익을 위하여 사리사욕(私利私慾)과 이기주의(利己主義) 혹은 자기중심주의(自己中心主義)의 사람은 자신의 주장을 합리화하기 위해 바람직한 결정을 하지 않고 상대를 속이거나 혹은 상대를 부리기 위한 거짓과 속임수, 사기 등으로 자신의 언행을 일관되게 실천하는 것을 말한다. 이러한 거짓과 속임수, 사기 등의 언행의 행위는 보이지 않는 세계의 양태에 완전히 어긋나는 것이며 또한 보이는 세계를 혼란에 빠뜨리는 결과를 가져오게 한다. 이러한 결과는 보이지 않는 세계의 양태를 일지(一止) 상태로 지키지 못함으로 인해 매개자가 보이는 세계에서 일지(一止) 상태를 바르게 지키지 못(不正)하게 된다.

일지(一止) 상태를 벗어난 매개자는 바름(正)을 상실함으로 인해 공동체를 혼란하게 만든다. 이렇게 혼란한 공동체는 부조화 상태에 빠지게 된다. 부조화 상태를 야기하는 이러한 부정(不正)의 모습은 거짓과 속임수, 사기 등의 언행에서 비롯된 행위들이라 할 수 있다. 결국 세계를 부조리(不條理)로 이뤄지는 보이는 세계와 순수한 천국의 개념인 절대적이고 완전한 모습의 보이지 않는 세계로 철저히 이원화된 세상으로 만든다. 일지(一止) 상태를 벗어난 매개자의 모습은 결국 이원화된 세상을 만들게 되는 원인을 제공하게 된다. 이러한 이원화는 두 세계가 서로 다른 것이라고 사람들에게 생각하게 만들어 보이지 않는 세계의 질서를 알지(만나지) 못하는 결과를 가져오게 한다. 이때의 보이는 세계는 혼돈 그 자체가 되어 혼돈 속에서 상대를 잘 속이며 거짓을 행하는 자들이 자신이 똑똑하다고 여기는 불합리와 갈등 그리고 다툼이 발생하게 하는 원인으로 드러나는 세상이 된다. 이러한 바름이 사라진 부조리한 보이는 세상에서는 전혀 생각지도 못한 망발(妄發: 도리에 어긋나거나 조심하지 못하여 함부로 말이나 행동을 함)의 세계가 만들어지게 되는 것이다. 이러한 망발의 세계는 사람으로 하여금 사리사욕(私利私慾)의 노예화로 만들어가게 되어, 그 자신을 인간이 되지 못하게 하고 스스로 자신을 짐승과 악마로 만들어가게 된다. 사람으로 태어나 인간이 되지 못한 짐승과 악마 같은 이들은 공동체 속에서 타자와의 바람직한 관계 설정보다는 자신을 위한 사리사욕(私利私慾)과 이기심(利己心)에서 드러난 이기주의(利己主義)와 자기중심주의(自己中心主義)가 스스로 탐욕적인 세상을 만들게 되는 원인이 되기도 하지만, 그들은 자신이 사는 세상에서 자신이 똑똑해서 공동체의 주도적인 삶을 만들어가는 세상인 줄 착각하며 살게 된다. 이러한 착각의 모습은 그들이 보이는 세상에서 정신보다는 육신의 탐욕을 즐기는 삶을 살게 됨을 보여주는 것이다. 마침내 지속적인 육신의 탐욕을 즐기는 삶은 자신의 내면을 황폐화가 되도록 만들게 되는 결과를 가져온다. 그 결과 이러한 삶을 사는 자들은 자신의 양심에 어긋나는 삶을 살면서 맑은 영혼이 오염되면서 그의 태도가 바름이 아닌 부조리에 물든 뻔뻔함의 극치를 이루게 된다. 이러한 뻔뻔한 삶은 보이지 않는 세계에서 비롯된 맑은 영혼을 보이는 세계에서 보존하고 유지하지 못하게 되면서 스스로 맑은 영혼을 타락하게 만들어 양심이라는 것이 그에게 사라지게 된다. **맑은 영혼이 타락한 사람은 도(道)를 모르고 덕(德)을 쌓기보다는** 탐욕스러운 이익의 욕심 덩어리인 오염물질로 자신의 영혼을 가득 채우게 된다. 누군가 자신의 영혼이 오염물질로 가득 차 있다면 오염물질을 처리하는 방법은 정화를 위한 것으로 교정작업이라 할 수 있다. 그러나 오염된 자가 교정이 되지 않고 지속적으로 주변으로 오염된 것을 퍼지게 한다면 공동체에서 일지(一止) 상태를 유지하기 위하여 일차적으로 당대에 그에게 무서운 벌을 내려 오염의 뿌리를 뽑으려 할 것이다. 그러나 그렇지 않게 된다면 늦어도 그로부터 3대 이후로는 자손이 절멸될 가능성에서 벗어날 수 없다고 한다.

우리가 사는 세상은 보이는 세계와 보이지 않는 세계의 매개 상태로서 일지(一止) 상태의 바름(正)에서 벗어나지 않는 바람직한 관계 설정을 유지해야만 한다. 이러한 유지의 방법은 내적인 바람직한 관계란 선(善)을 보존하고 유지하는 것이고 외적인 바람직한 관계는 의(義)로운 관계로서의 정의(正義)를 지키는 길이다. 이러한 길을 도덕(道德)으로 부르게 되는 것이다. 그러므로 일지(一止) 상태의 바름(正)이란 선(善)과 의(義) 그리고 도덕(道德)이자 자리이타(自利利他)라 할 수 있는 것이다. 이를 퇴계 이황은 일지(一止) 상태의 바름(正)을 유지하는 방법을 경(敬)으로 표현하였으며 율곡 이이는 일지(一止) 상태의 바름(正)을 실천하는 방법을 성(誠)으로 표현한 것이다. 이들 모두는 보이는 세계에서는 일지(一止) 상태의 바름(正)을 실행하는 방안으로서 중용(中庸)을, 권도(權道)를 그리고 자리이타(自利利他)로 표현하고 있는 것이며, 이것을 맹자는 진심장 상(盡心章 上)에서 천형(踐形)으로 표현한 것이다. 이러한 표현으로 설명하고 있는 것들은 모두가 보이지 않는 세계의 신(절대자, 진리, 이치)의 뜻을 따르는 것이자, 그들의 뜻을 이루는 것이며, 보이는 세계에서 보이지 않는 세계의 양태를 그대로 나타내는 진리(眞理)의 실현이자 이치(理致)를 따르고 밟아 나가는 것으로 일지(一止) 상태의 바름(正)이 된다. 이렇게 일지(一止) 상태의 바름(正)으로 진리(眞理)를 실현하고 이치(理致)를 밟아 나가는 시대를 바름(正)이 지켜지는 시대이기에 정도(正道)의 시대가 되는 것이다. 이런 정도(正道)의 시대는 대부분의 주변 사람들이 자리이타(自利利他)를 근본으로 하는 생활을 하게 된다. 그리고 이렇게 살아가는 사람을 보통 사람이라 하여 누구나 실천하면서 살아갈 수 있는 보통 사람의 시대라 할 수 있는 것이다. 따라서 보통 사람의 시대는 정도(正道)의 시대의 다른 표현이라 할 수 있다.

7. 일지적(一止的) 상태가 드러난 세계

일지(一止)는 '**불변(不變)하며 전일(全一)함이 유지되는 상태**'로서 변화가 없는 고요함의 정지 상태라 하였다. 이러한 상태의 모습으로 현실에서 표현될 수 있는 것이 '생각의 끝'에 도달한 것으로 표현된다고 하였다. '생각의 끝'은 생각이 멈춘 세계로 티가 없고 잡념이 전혀 발생하지 않는 세계라 할 수 있다. 이러한 생각이 멈춘 세계를 일지(一止) 상태라 하여 바름(正)의 세계가 되는 것이다. 이 바름(正)의 세계는 '바르지 않음이 없는 것(無不正)'이라 '부정(不正)함이 없는 세계'가 된다. 이 바름(正)의 세계에 거주하는 자들을 보이지 않는 세계는 그 자체의 모습이지만 보이는 세계에서는 만물(萬物)이 정위(定位)된 모습이 된다. 그리고 이 바름(正)의 세계에서 살아가는 만물(萬物)들은 정위(定位)된 위치에서 바름(正)에 따른 행위를 하기에 정도(正道)를 따르게 된다. 이러한 정도(正道)를 따르는 행위를 참된 이치라 하여 진리(眞理) 혹은 이치에 어긋남이 없기에 자연(自然)스럽다고 하는 것이다. 이때의 만물(萬物)들의 자연스러움은 순리(順理)를 따르는 유기적인 관계 속에서 서로가 연결된 조화로운 것이 정위(定位)된다. 이러한 유기적 관계 속의 연결은 바름(正)으로 인해 자연스러움이 유지되는 것이기에 조화를 구현하고 질서를 지키게 되는 것이다.

조화의 구현과 질서가 잘 지켜지는 상태로서 **보이지 않는 세계**와 **보이는 세계**에서의 양태적 표현으로 살펴본다면, **전자는 일지(一止) 상태**로 '불변(不變)하며 전일(全一)함이 유지되는 상태'를 말하는 것이고, **후자**는 그 세계의 양태를 드러내는 것이 **바름(正)의 성격을 지니게** 되기 때문에 보이는 세계에서 드러나는 **바름(正)**은 **정도(正道)**를 **따르는 행위**가 된다. 여기서 정도(正道)의 의미는 만물(萬物)에 따라 각각의 의미를 다르게 표현됨을 살펴볼 수 있다.

만물(萬物)에 대한 표현을 형이상(形而上)과 형이하(形而下)에서 **형(形)**이란 존재로 표현을 할 수 있다. 이때 형(形)의 존재는 사람과 사람 이외의 것으로 나눌 수 있습니다. 사람으로서 **바름(正)**의 성격은 두 가지 측면으로 설명될 수 있다. 하나는 **내적 바름(正)**으로 선(善)함으로 드러낼 수 있으며, 다른 하나는 **외적 바름(正)**으로 의(義)로움으로 나타내게 되는 것이다. 반면에 **사람 이외의 것**으로는 **바름(正)의 성격**은 자연(自然)스러움이라 할 수 있다. 이때의 **자연(自然)스러움**은 내적으로 자기와의 조화이기도 하지만 외적으로는 타자와의 조화를 구현하는 **조화로움**을 말하는 것이 된다. 따라서 조화로움을 지키지 못할 때의 표현은 **부자연(不自然)스러움**이란 **부조화(不調和)**가 해당이 된다.

보이는 세계의 존재로서 만물(萬物)인 형(形)이 가지는 **정도(正道)를 따르는 행위**의 의미는 선(善)함과 의(義)로움 그리고 자연(自然)스러움과 조화(調和)스럽다는 내적 및 외적인 것이 된다. 그러나 이들의 표현은 **정도(正道)**가 적용되는 장소에 따라 혹은 문화의 차이에 따라 다르게 표현되는 것처럼 보이는 다양한 언어로 표현되고 있다. 그들이 갖는 다양한 언어 표현 속에서 지닌 정도(正道)의 본질적인 성질은 같은 것이다. 그러므로 이들이 **정도(正道)**로써 나타내는 표현은 같은 의미를 지니지만 언어 모습은 다른 것이라 할 수 있다.

특히 만물(萬物)의 형(形) 중 사람만이 **천상천하유아독존(天上天下唯我獨尊)**의 존재이기에 **상(上)**으로서의 **보이지 않는 세계**와 **하(下)**로서의 **보이는 세계**를 아우르는 존재임을 석가모니께서 보이셨다. 이는 사람이 **보이지 않는 세계**와 **보이는 세계**를 매개하는 매개자가 사람임을 드러내 보인 것이다. 그러므로 사람으로 태어났다면 그가 해야 할 일은 두 세계를 잘 어우르는 매개자로 성장해야 하는 것이 바름(正)에 적합한 것이다. 여기서 바름(正)에 적합하다는 것은 **보이지 않는 세계**를 보존하고 유지하는 일을 하는 것이고, **보이는 세계**를 혼란스럽게 만들지 않고 조화로움을 지켜내는 자로 성장하는 것이다. 그러므로 석가모니께서는 **보이지 않는 세계**를 보존하고 유지하는 일과 **보이는 세계**를 혼란스럽게 만들지 않고 조화로움을 지켜내는 자를 '**천상천하유아독존(天上天下唯我獨尊)**하는 자'로 표현한 것이다.

이처럼 '**천상천하유아독존(天上天下唯我獨尊)하는 자**'는 개인에 대한 표현이지만 공동체에서 **천상천하유아독존(天上天下唯我獨尊)**자가 각자의 역할에 따라 자신들을 드러내는 것이 질서정연한 사회를 구현하는 것이기에 공동체가 갈등 없는 화합을 구현하는 것은 당연하다. 이러한 당연한 시대를 유교에서는 **천인합일(天人合一)**에 따른 **군군신신부부자자(君君臣臣父父子子)**로, 플라톤에 의하면 이데아와 일치한 각 개인이 타고난 바에 따라 **자신에게 적합한 일을 담당하는 것**이고, 아리스토텔레스에 의하면 각자의 상황마다 **각각의 선(善)에 이바지하는 중용(中庸)**에 따른 선택과 행동이며, 노자에 의하면 **상선약수(上善若水)**와 같은 **무위(無爲)**의 행위이자 장자에 의하면 **물아일체(物我一體)**에 따른 **자연(自然)**스러움으로 말할 수 있는 것이다. 이러한 모든 행위는 자연스럽게 일지(一止) 상태의 바름(正)을 유지하는 것이 된다. 따라서 이를 유지하여 현실로 드러나게 할 수 있는 시대가 **정도(正道)의 시대**라 부르게 되는 것이다.

공동체 모습에서 나타나는 **정도(正道)의 시대**는 개인적으로 바름(正)을 보존하고 유지하는 자들의 모여 사는 시대를 말하는 것이다. 왜냐하면 누군가 자기의 **개인 삶**이 공동체 일원으로서 사회에 동참하게 될 때 비로소 그의 개인의 삶은 **공동체 삶**의 일부로 전환되면서 그가 살아가는 사회에서의 **관계적 모습**으로 표출되기 때문이다. 이러한 관계적 모습은 기본적으로 **사람과 사람의 관계**로 볼 수 있겠지만 엄밀히 말하면 **사람 이외의 것과 사람 이외의 것**, 그리고 **사람과 사람 이외의 것들과의 관계**로 확장되기도 한다. 이러한 관계의 확장은 **바름(正)에 의거한 바람직한 관계**로 드러나는 **자연스러움과 조화로움**을 구현하는 것이 된다. 또한, 이런 **자연스러움과 조화로움**을 구현하는 관계는 만물과 분리되어 떨어질 수 없는 관계이기에 **유기적 관계**라 불리는 것이다. 유기적 관계 속에서 바름(正)을 보존하고 유지하는 관계는 조화의 구현으로 드러난다. 조화의 구현으로 드러난 이 관계는 질서정연하고 정의로운 사회가 된다. 이는 자연스럽지 못하고 부조화가 발생하는 불편한 갈등과 불신이 없는 상태라 할 수 있다. 그러므로 **바름(正)의 관계적인 삶**은 모든 만물에 대하여 유기적 관계를 형성하게 되는 **자연스럽고 질서정연한 조화로운 모습을 구성**하게 된다.

공동체에서 **자연스럽고 질서정연한 조화로운 관계**로 구성되기 위해서는 **갈등과 불신이 없어야** 한다. 갈등과 불신의 원인이 제거된 공동체를 만들기 위해서는 **신뢰가 바탕이 되는 조화가** 구현되어야 한다. 그러기 위해서는 공동체 일원들이 믿음과 신뢰가 바탕을 이루는 유기적 관계가 실현되어야 한다. 따라서 **믿음과 신뢰를 바탕으로 하는 유기적 관계는 바름(正)**이 필수적이며, 이러한 **바름(正)을 지니기 위해서는 일지(一止)** 상태에 머물 줄 알아야 한다. 일지(一止) 상태에 머무른다는 것은 곧 **맑은 영혼을 보존하는 것이** 된다. 우리는 맑은 영혼을 보존하기 위해서 **선(善)함을** 유지해야 하는데 이때의 선(善)함이란 **마음이 불편해지지 않는 상태인 평정심(平靜心)**이 유지되는 것이다. 평정심(平靜心)이 유지되는 선(善)함이란 바람직한 관계 설정을 맺는 토대가 된다. 이러한 토대는 **자기와의 관계를 맺을 때는 내적으로 선(善)함**이 보존되어 **맑은 영혼을 유지**하는 상태가 되는 것이고, 외적으로는 **타자와의 관계를 맺을 때는 자리이타(自利利他)적 관계**를 맺게 된다. 이때의 자리이타(自利利他)적 관계는 반드시 **의(義)로움에 근거한** 행위어야 한다. 우리는 이러한 **의(義)로움에 근거한 자리이타(自利利他)적** 관계를 **정의(正義)**라 부르게 되는 것이다. 보이는 세계에서 **정의(正義)로운 자리이타(自利利他)적 관계**를 만들어가는 생활은 **바름(正)에 의거한 관계이자 일지(一止)적 상태를 세상에 드러내는 것이** 된다.

8. 일지(一止) 상태로 바라본 세계

세계를 일지(一止) 상태로 바라본다면 어떻게 보일까? 일지적(一止的) 상태란 '불변(不變)하며 전일(全一)함이 유지되는 상태'라 하였다. 이러한 일지적(一止的) 상태에서 바라본 현세(現世)에 대한 모습은 일지(一止)의 상태와 같은 모습으로 드러나 보여야 한다. 왜냐하면 보이지 않는 세계와 보이는 세계가 속성상 동일한 양태이기 때문이다. 이러한 양태로서 일지(一止)적 모습의 세계는 부조화(不調和)가 없는 조화(調和)로운 세계이자 갈등이 없고 다툼이 없는 세상이 되어야 한다. 따라서 일지(一止)적 모습의 세계는 우리가 지켜야 할 세상이자 추구해야 하는 세상인 것이다. 이 세상은 이상향이 아닌 우리가 본래 살아가야 할 공동체 사회인 것이다. 그러나 사람들의 이기심과 탐욕으로 인해 일지(一止)에서 이탈되어 바름(正)에서 벗어나게 되면서 일지(一止)적 세상이 타락으로 오염되어 부조리와 부조화가 만연된 세상이 된 것이다. 이렇게 타락하고 오염된 세상을 바로 잡은 상태가 일지(一止)적 세상이라 할 수 있다. 그러나 사람들은 일지(一止)적 세상을 만들어가기가 매우 어렵다고 생각하여 이러한 세상을 이상 사회로 별칭하고 있다. 만들어가기가 어렵다고 생각하는 이상 사회는 바른 가치를 지닌 자들(공자, 노자, 예수, 석가모니, 소크라테스 등)에 의해 현실에서 구체화하여 세상에 드러나게 하려는 노력과 의지의 실천을 지속적인 행동으로 이어오고 있었다. (도산 안창호, 마하트마 간디, 마틴 루터 킹, 마더 테레사 등)

오늘날의 세계는 일지적(一止的) 관점에서 보면 실제 어떻게 보이게 될까? 아마 현재의 세계에 존재하는 것들이 바름(正)과 바르지 않음(不正)이 뒤섞여 마구잡이로 혼합된 대단히 혼란스러운 상태로 보일 것이다. 일지(一止)적 입장으로 바라본 본래의 일지(一止) 상태의 세계는 불변(不變)하며 전일(全一)함이 유지되는 바른(正) 상태의 모습으로 정위(定位)되어야 한다. 그러나 오늘의 세계는 본질적인 바름(正)의 세계를 잘 보존하고 유지함을 지켜내지 못하고, 바름(正)과 바르지 않음(不正)으로 뒤죽박죽되어 버린 엉망진창의 모습으로 표출되고 있다. 이러한 뒤죽박죽이자 엉망진창인 세상의 모습을 본래 실상(實相)이라 할 수 있을까? 지금의 이 세상의 모습은 실상(實相)과 허상(虛像)이 혼란하게 뒤죽박죽 섞인 채 살아가고 있는 혼돈의 세상이라 할 수 있다. 이러한 혼돈되고 혼탁한 세상에 대해 석가모니는 말법(末法) 시대라는 말세(末世)의 단어로 표현하고 있다.

본래 세상은 일지(一止) 상태의 바름(正)으로 이루어진 세상이다. 따라서 바른(正) 세상에 존재하는 이들은 바른(正) 질서에 따라 조화로움을 형성하여 자연스러운 세상살이를 하게끔 되어 있는 것이다. 그러나 바름(正)을 유지하지 못하는 이기심과 탐욕과 자기만의 편함에 물든 자들이 등장하면서 바름(正)을 유지하던 세상이 점차 혼돈으로 빠지게 된 것이다. 이기심과 탐욕과 자기만의 편함은 바름(正)을 흔들어 일지(一止) 상태를 혼돈에 빠지게 하는 가장 큰 원인이 된다. 일지(一止) 상태의 바른 세상에서 이익과 탐욕과 편안함에 대한 지나친 추구는 과욕으로 나타나게 된다. 과욕이 원인이 되어 발생한 부조리와 부조화의 세상에서 바름을 지키는 자들이 바르지 않은 자들에 대한 적절한 대책을 강구하지 못한 결과이기도 하다. 이러한 결과는 바른 자 보다, 바르지 않은 자가 다수를 차지하여 공동체 사회에서 적절한 대책을 마련하지 못했기 때문에 이 세상에서 살아가는 존재자 중 바른 세상을 살아가려는 존재자들이 바름(正)을 지키지 못하게 된 것이다. 그 결과 본래 바른(正) 세상이 바르지 않음(不正)으로 세상이 변환된 것은 내적 선(善)함을 보존하는 자 보다, 선함을 내치고 불선(不善)함을 추구하는 자들이 많아지게 되면서 발생한 것이다.

바른(正) 것을 지켜나가는 이들이 존재하는 세계가 본래 실상(實相)의 일지(一止) 상태의 모습이다. 그러나 어느 순간 바르지 않은(不正) 이들의 출현으로 인해 바르지 않은(不正) 기운이 점차 확산되어 바름(正)이 차차 가려진 세상이 된 것이다. 이는 마치 태양을 가리는 일식 현상과 같은 이치이다. 세상의 바름(正)을 가리는 바르지 않은(不正) 것들이 마치 일식 현상과 같은 이치처럼 점차 부정(不正)의 의미가 확대되어 바름(正)을 거의 덮어버린 부정(不正)의 무리가 득실거리는 공동체 세상이 되어 버린 것, 요즘의 세상이 아닐까 생각해 본다.

이러한 세상을 기독교에서는 창세기 18장 22~33절에서 소돔 이야기 앞부분에서 표현하고 있는 아브라함이 신과 담판을 벌이는 장면으로 유추될 수 있다.

"소돔을 멸(滅)해야겠다."는 신의 말씀을 들은 아브라함은 "그건 부당하다."고, "하나님답지 못한 처사"라고, "세상을 심판하시는 분이라면 공정하게 해야 하지 않겠느냐?"고 따진다. 아브라함은 결국 "의인 10명이 있으면 소돔을 멸하지 않겠다."는 약속을 신으로부터 받아내지만, 성서는 소돔에 의인 10명이 없어 멸망 당한 것으로 기록하고 있다. 이는 이미 소돔이 바르지 않은 세상으로 부정(不正)으로 오염된 세상임을 보여준 것이다.

그렇다면 실상(實相)은 무엇이고 허상(虛像)은 무엇일까? 실상(實相)은 바름(正)이 유지되는 세상이자 기독교에서 의인(義人)의 세상으로 표현한 것이고, 이러한 모습을 플라톤은 사물이 불변하는 본질이자 참된 실제로서 이데아(Idea) 세계로 표현한 것이 아닐까? 그러기 때문에 실상(實相)은 바름(正)이 유지되는 세상으로서 플라톤의 이데아(Idea) 세계를 완전한 것으로 보고 최고의 이데아(Idea)를 선(善)의 이데아(Idea)로 그려진 것이 아닐까?

그렇다면 바름이 아닌 바르지 않은 허상(虛像)의 세상은 실상(實相)을 뒤틀어 놓거나 사라지게 한 곳의 현상들이 아닌가? 이러한 세상을 플라톤은 동굴의 비유에서 그림자의 세계로 표현하고 있다. 그러나 보이지 않는 세계와 보이는 세계의 본질적인 양태는 같은 것이라 했다. 그렇기에 두 세계의 본질적인 양태는 다르면 안 된다. **다르면 안 되기에** 플라톤은 **모방이라 표현한 것** 같다.

바름(正)이 사라진다는 것은 실상(實相)의 모습이 바르지 않게 된다는 것이다. 또한 실상(實相)이 오염되어 과불급 상태로 뒤틀어지거나 실상(實相)이 사라진 세계가 되는 것이다. 이러한 바름(正)이 사라진 실상(實相)의 모습은 참(眞=正)면목이 사라진 세계이니 허상(虛像)의 세계가 되는 것이다. 허상(虛像)의 세계는 바름(正)으로 이루어지지 않고 이익과 탐욕과 편함을 위한 거짓과 속임수, 위협과 협박 등의 모든 부정(不正)의 세력들이 판치는 세상으로 이루어지는 것이다. 그러므로 허상(虛像)에서의 삶은 실상(實相)을 보지 못하는 알곡이 아닌 쭉정이들의 삶을 말하는 것이 아닐까? 그렇다면 쭉정이의 삶은 무엇일까. 그것은 실상(實相)을 보지 못하고 허상(虛像)에 매달려서 정신과 육체가 분리된 상태로 사는 자가 된다. 이들은 정신과 육체가 일치된 삶을 추구하는 일원론이 아닌 이원론을 선호하면서 정신과 연결된 영혼이란 것을 헌신짝처럼 내다 버린 자들이 되어 간다. 이자들은 정신이 혼매(昏昧: 어리석고 사리에 어둡다.)하게 된 육체를 지닌다. 정신이 혼매한 육체를 지닌 자들은 육체에 이끌리는 즐거움을 쫓는 희희낙락한 삶을 살아가는 존재들이 아닐까. 이러한 삶은 자기만의 이익과 탐욕과 편함 등의 과욕으로 인해 본질적인 존재의 삶인 바름(正)에서 벗어나 바르지 않은 부정(不正)의 삶이 된다.

그렇다면 이익과 탐욕과 편함에서 드러나는 과욕으로 인한 부정(不正)의 삶은 어떤 것일까. 이 삶은 두 가지 관점으로 살펴볼 수 있다. 하나는 이익의 관점이고, 다른 하나는 편함의 관점이다.

우선 **이익의 관점**을 살펴보면, 지나친 욕심으로 이익을 추구하는 것들이다. 적절하고 마땅한 선을 지나 과욕을 부리는 것이다. 과욕에서 끝나면 다행이겠지만 과욕을 부리는 자들은 대체로 거짓말과 사기, 위협과 협박 등을 동반하는 사례가 많다. 이러한 거짓말과 사기, 위협과 협박 등은 불신(不信)과 갈등(葛藤)을 조장하게 되어 다른 존재자들과 바른 관계를 맺기가 힘들게 된다. 이러한 존재의 관계는 바름(正)보다는 바르지 않은(不正) 것으로, 모든 만물에서 바름(正)과 자연스러움을 상실하게 만들고 바르지 않은(不正) 것에 따른 인위적인 자연스러움을 꾸미게 된다. 그러므로 부정(不正)에 따른 인위적인 자연스러움이란 양머리를 걸어두고 개고기를 파는 양두구육(羊頭狗肉)의 모습, 아니면 참된 속 알은 없고 겉만 번지르르한 쭉정이만 내놓고 파는 격이라 말할 수 있다. 이런 의미에서 노자와 장자는 자연스러움에 위배되는 인위적인 것을 싫어하고 바름(正)에 따른 자연적인 것을 추구하였던 것이다. 그러므로 플라톤이나 노자와 장자는 쭉정이의 삶은 진정한 실상(實相)을 보지 못한 채 실상(實相)이 아닌 허상(虛像)의 모습으로 바름(正)의 세계를 흔들어 놓은 부정(不正)한 것들로 보고 있다고 표현될 수 있다.

다른 하나로서 **편안함의 관점**을 살펴보겠다. 편안함이란? 마음의 평정심과 다른 육신의 편안함을 말하는 것이다. 내 육신의 편안함은 자신의 몸을 움직이지 않으려는 태도라 볼 수 있다. 이러한 태도는 누군가를 불편하게 했을 때 육신의 편안함을 가져올 수 있게 된다. 이때의 불편함은 불편함의 정도에 따라 상대가 수긍하거나 반발하는 작용을 발생시키게 된다. 만일 어떤 존재가 자신이 불편함을 수긍했을 때는 수긍할 정도의 불편함이기에 불편을 감수하며 불편함을 수행하겠지만 그렇지 못한 경우 불편함으로 인해 존재들 사이의 갈등과 다툼이 발생할 수도 있다. 따라서 존재 사이의 갈등과 다툼은 이미 바름(正)을 상실한 현실의 모습이다. 이러한 모습은 실상(實相)을 왜곡한 현실이기에 허상(虛像)적인 삶이라 하는 것이다. 이처럼 어떤 존재가 자신의 이익과 편안함을 지니기 위해 상대에게 과도한 요구를 하는 것은 바르지 못한(不正) 것들을 발생시키는 갈등과 다툼의 씨앗이 되는 것이다. 아리스토텔레스는 이를 극복하기 위한 방법으로 최상위에 있는 최고선(最

高善)에 도달하여 행복을 찾아야 한다고 했다. 이러한 최고선에 따른 진정한 행복은 탁월성으로서의 덕(德)을 갖춘 삶이라 하여 행복을 덕(德)에 따른 영혼의 활동이라 정의하였다. 아리스토텔레스는 덕(德)에 따른 삶은 중용(中庸)에 따른 선택과 행동을 해야 한다고 말한다. 그러나 중용적인 이익과 편안함을 지니지 못한 존재가 과도한 요구를 하게 되면 실상(實相)의 세계는 허상(虛像)으로 변형되는 부정(不正)한 것들이 된다. 이처럼 아리스토텔레스가 말한 중용(中庸)의 의미는 유교의 사서삼경(四書三經) 중 하나인 중용(中庸)의 개념과 일치한다고 볼 수 있다.

※ 중용(中庸)의 의미

① 아리스토텔레스는 『니코마코스 윤리학』 2권에서 중용 이론을 본격적으로 전개한다. 그에 따르면, 덕은 감정이나 행위에 있어 '지나침(excess)'과 '모자람(deficiency)' 사이의 중간 상태다.

"덕은 두 악덕 사이의 중간 상태다. 한쪽은 지나침에 의한 것이고, 다른 쪽은 모자람에 의한 것이다."

그러나 이 중간은 단순한 산술적 중간이 아니라 '우리에게 있어서의 중간'이다. 이는 개인과 상황에 따라 달라질 수 있는 상대적인 개념이다.

② 동양에서의 중용(中庸)이란?

BC 430년경에 만들어진 책으로, 성(誠)과 중(中)을 기본 개념으로 하여 천인일리(天人一理)를 설명한 형이상학적인 도서이다. 저자는 공자의 손자인 공급[자사(子思)]로 전해지나, 실제로는 전국시대 진한(秦漢) 시대 무렵에 쓰인 것으로 추정된다. 이 책은 원래 『예기』의 한 편이었던 『중용』을 한 권의 책으로 다루기 시작한 때는 남북조시대부터였다. 송나라 주희는 이것을 33절로 나누었다. 유학의 주요 문헌으로 존중되기 시작한 것은 송나라 때인데, 특히 주희가 『논어』, 『맹자』, 『대학』과 더불어 이것을 '사서(四書)'로 삼은 이후 유학 입문의 필독서로 동양철학의 중요 개념을 담고 있다. 그러므로 동양에서의 중용(中庸)의 의미는,

"중(中)이란 기울어짐이 없다는 뜻이고, 용(庸)이란 영원불변이라는 뜻이므로 올바르고 변함이 없는 도리를 설명한 것이다. 즉 '과하거나 부족함이 없이 떳떳하며 한쪽으로 치우침이 없는 상태나 정도'를 말한다."

지금의 현실 세계는 보이지 않는 세계의 양태를 보이는 세계에 바르게(正) 드러나 있지 않은 허상(虛像)의 모습의 세계이다. 이러한 허상(虛像)의 세계는 존재들의 과도한 이익과 탐욕 그리고 지나친 편안함의 요구로 인해 실상(實相)의 모습이 모두 변형되어 사라진 모습이다. 허상(虛像) 세계에서는 바름(正)보다는 바르지 않음(不正)이, 참(眞實)보다는 거짓이, 선함(善)보다는 불선(不善)이, 정의(正

義)보다는 불의(不義)들이 횡횡하는 세상이 된다. 이 세상에서는 정도(正道)가 사라지고 무도(無道)한 시대이기에 무도(無道)한 시대의 존재자들은 이익에 매몰되어 금권주의를 최고로 여기고 금권인 돈으로 모든 것을 할 수 있다고 말하고 생각하는 시대인 것이다. 이러한 시대는 도덕(道德)과 윤리(倫理)가 소멸되고 돈이 최고인 말세(末世)라 칭하게 되는 세계인 것이다. 말세(末世)의 세상에서는 돈과 향락과 같은 것들이 춤추는 불선(不善)한 세상이라 할 수 있다. 이러한 세상에서는 정신은 없고 육체로만 세상을 바라보는 자들이 많아지게 된다. 이러한 말세(末世)의 세상은 모두가 정신없는 세상의 삶을 살아가는 존재들로서 바름(正)이 바르지 않음(不正)에 뒤덮이는 세상이 된 것이다. 이러한 세상은 바르지 못한(不正) 것들이 독버섯처럼 번져서 온 세계가 오염된 가치로 가득 찬 세상을 만들게 되는 것이다.

　이러한 세계는 '나만의, 우리만의, 집단만의' 이익과 편함만을 과하게 요구하고, 추구하는 곳이 된다. 이곳은 바름(正)이 사라지고, 바르지 않음(不正)이 가득하여 불선(不善)과 불의(不義)가 짝을 이루어 사는 세상이라 도덕(道德)과 윤리(倫理)는 개나 주라는 세상이 된 것이다. 이러한 세상에서 본질적인 세계의 실상(實相)이 보일까요. 전혀 그렇지 않을 것이다. 지금의 세상은 정신 나간 이들이 자신들의 육신과 이익 그리고 편안함만을 쫓는 금권이 최고인 시대가 된 것이다. 이 시대는 자기 이익과 자신의 편안함 이외에는 모두가 부정되는 시대라 할 수 있다. 그러므로 요즘의 시대를 참된 이치인 진리(眞理)보다 이익과 편함을 우선시하여 실상(實相)이 아닌 허상(虛像)을 쫓아가 육체의 즐거움을 추구하는 금권시대이자 말세(末世)라 하는 것이다.

9. 일지(一止) 상태의 다양한 관점과 표현

일지(一止) 상태는 무형계와 유형계의 두 경계를 구분하는 곳이자 두 경계를 소통하는 소통의 매개면이기도 하다. 이러한 두 곳의 경계와 소통의 매개면은 일지(一止) 상태의 본래 모습이다. 일지(一止) 상태를 경계면으로 나누어 본다면 일지(一止)을 경계하여 보이지 않는 세계의 무형계를 플라톤은 이데아(Idea)로, 보이는 세계의 유형계를 플라톤은 그림자의 세계로 본 것이고 중세 기독교에서는 보이지 않는 무형계를 천국으로 분류한 것으로 볼 수 있다. 이러한 분류가 이원적 세계관으로 이원론을 창출하게 된 원인이라 볼 수 있을 것이다. 그러나 일지(一止)를 소통의 매개면으로 본다면 두 세계는 유기적 일원론적 세계관이라 할 수 있다. 따라서 유기적 일원론적 세계관을 인식하기 위해서는 일원론적 인식으로 두 세계를 볼 줄 알아야 한다. 개인적으로 플라톤이 주장하는 동굴론에서의 그림자의 세계와 이데아의 세계는 깨달음의 경계를 아는 자와 모르는 자의 차이를 비유적으로 설명한 것인데 깨닫지 못한 자가 논리적 추론을 통해 이원론적 세계관으로 정리한 것이 아닌가 생각된다.

이제 무형계(無形界)와 유형계(有形界)의 경계를 구분하는 기준은 철학적, 과학적, 그리고 예술적 관점에서 다양하게 논의될 수 있기에 다양한 관점으로 살펴보기로 한다.

⑺ **철학적 관점**

　철학에서는 유형과 무형의 경계를 존재론적 기준으로 설명한다. 이러한 존재의 의미는 형체가 있는 것인가, 없는 것인가의 기준을 말하는 것인데 전자의 경우는 보고 만질 수 있는 것이며 후자의 경우는 볼 수도 없고 만질 수도 없는 것이라 할 수 있다. 그러므로 유형계는 물리적으로 존재하는 사물과 현상을 포함하며, 무형계는 개념, 정신, 아이디어, 감정과 같은 비물질적 요소를 포함한 그 무엇이라 할 수 있다. 예를 들어, 플라톤의 이데아론에서는 유형계가 감각적으로 인식되는 세계인 그림자의 세계이고, 무형계는 완전한 본질을 가진 이데아의 세계로 설명됩니다. 두 세계를 인지하느냐 인지하지 못하느냐는 인지의 주체자가 깨달은 자인가 아닌가로 구분된다고 볼 수 있다.

⑷ **과학적 관점**

　과학에서는 유형계가 물리적으로 측정 가능한 것을 포함하며, 무형계는 에너지, 정보, 의식과 같은 비물질적 요소를 포함할 수 있는 것이다. 이를 시각적으로 구분하면 눈으로 볼 수 있는 가시적인 세계와 직접 감지할 수 없는 비가시적인 세계로 나눠볼 수도 있다.

① 유형계로서 보이는 세계

우리가 일상적으로 경험하는 가시적인 세계는 물질과 에너지가 상호작용을 하는 공간이다. 빛이 물체에 반사되거나 굴절되어 우리의 눈에 도달하면서 우리는 색깔과 형태를 인식하게 된다. 유형계는 형상이 있는 것들에 대한 일반적인 상황에서 인지될 수 있는 형태의 것들이라 할 수 있다. 다만 이 세계는 '뉴턴의 고전역학과 전자기학 같은 물리 법칙들에 의해 설명될 수 있으며'라고 주장하는 것은 형상이 있는 것으로 만들어지는 법칙이라면 포괄적인 의미의 유형계의 모습을 보여준 것이고, 또한 화학과 생물학은 우리 주변의 환경을 이해하는 데 중요한 역할을 하게 된다.

② 무형계로서 보이지 않는 세계

보이지 않는 세계는 형체가 없는 것으로서 여러 관점에서 정의될 수 있다.

미시세계(微視世界): 너무 작아서 인간의 눈으로는 직접 볼 수 없는 세계
원자, 분자, 전자와 같은 극도로 작은 입자들은 우리의 육안으로 직접 볼 수 없지만, 물리학의 원리와 실험을 통해 그 존재를 확인할 수 있다. 양자역학은 이런 미시적인 세계를 설명하는 이론으로, 입자의 파동-입자 이중성이나 불확정성 원리 같은 개념을 다루고 있다.

전자기파 및 중력

빛의 일부는 우리 눈에 보이지만, X선, 적외선, 라디오파 등은 감지할 수 없다. 하지만 과학기술을 이용해 이를 탐지하고 활용할 수 있다.

중력은 우리가 직접 볼 수 없지만, 물체가 서로 끌어당기는 힘으로 존재함을 알 수 있다.

③ 우주와 암흑물질

과학자들은 우주의 질량 중 상당 부분이 암흑물질과 암흑에너지로 이루어져 있다고 추정하지만, 현재까지 직접 관측할 수 있는 방법이 없었다. 우리는 그 영향을 통해 존재를 유추하고 연구를 계속하고 있는 중이다.

④ 의식과 정신세계

인간의 사고와 감정은 신경세포와 생화학적 반응을 통해 발생하지만, 그 본질적인 작동 원리는 아직 완전히 이해되지 않은 부분이 많다.

결국, 과학은 보이는 세계와 보이지 않는 세계를 연결하는 중요한 도구이자 수단이 된다. 인간은 오감을 통해 직접 경험할 수 있는 것뿐만 아니라, 도구와 이론을 활용하여 보이지 않는 세계를 탐구하고 이해하려고 노력한다.

과학에서의 두 세계를 바라보는 것은 관찰적인 의도로 보여지기에 두 세계를 매개하는 소통자가 아닌 탐구의 대상으로 구분된 분류개념일 것이다.

⒟ 예술적 관점

예술에서는 유형과 무형의 경계를 표현 방식으로 구분하고 있다. 유형계는 조각, 회화, 건축과 같은 물리적 형태를 가지는 예술을 포함하며, 무형계는 음악, 문학, 개념 예술과 같은 비물질적 표현을 포함한다. 또한 미학의 측면에서 무형의 대상에 대한 예술적 관점은 **상징과 추상성, 경험과 감각 너머의 인식, 초월적 아름다움, 공허 속의 의미**란 4가지 구성으로 눈에 보이지 않는 것을 넘어, 우리의 인식과 감각을 뛰어넘는 깊은 아름다움과 의미를 성찰하는 것으로 보고 있다. 유형의 대상에 대한 '볼 수 있는 세계'는 **형태와 조화, 빛과 색채, 시간과 변화, 감정과 의미**의 4가지 구성으로 눈에 보이는 것뿐만 아니라, 그 안에 담긴 질서와 감성, 그리고 변화 속에서 살아 숨 쉬는 아름다움을 탐구하는 과정으로 보고 있다. 예를 들어, 현대 미술에서는 무형의 경계를 탐구하는 작품들이 존재하며, 이는 시각적 경험을 통해 유형과 무형의 관계를 재해석한다. 이러한 경계는 절대적인 것이 아니라, 시대와 문화, 학문적 관점에 따라 다르게 정의될 수 있다.

10. 무형계와 유형계가 연결되는 상태를 어떻게 표현해야 하는가?

무형계(無形界)와 유형계(有形界)가 연결되는 상태는 철학적, 과학적, 그리고 예술적 관점에서 다양한 방식으로 표현될 수 있다.

⑺ 철학적 표현

철학에서는 무형과 유형의 연결을 **존재론(바름의 두 가지 양태로 존재하는 것)적 연속성**으로 설명할 수 있습니다. 예를 들어, 플라톤의 이데아론에서는 유형계(감각적 세계)가 무형계(이데아의 세계)와 연결되어 있으며, 유형계의 사물들은 무형계의 본질을 반영하는 그림자와 같다. 또한, 동양 철학에서는 이기론(理氣論)의 입장에서 이(理)와 기(氣)를 플라톤과 같이 이데아 세계와 그림자 세계로 구분하여 이해할 수 있으며, 다른 한편으로는 기(氣) 개념을 통해 유형과 무형이 상호작용하는 방식으로 이해되기도 한다.

⑷ 과학적 표현

과학적으로는 유형과 무형의 연결을 **에너지와 정보의 흐름(바름의 두 양태)**으로 설명할 수 있습니다. 예를 들어, 양자역학에서는 **물질이 입자성(바름을 형상의 양태로 표현한 것)과 파동성**(바름을 형상이 아닌 **무형의 양태로 표현한 것)을 동시**에 가지며, 이는 일원론적 세계관으로 바라볼 수 있기에 유형과 무형의 경계를 바름으로 두 양태를 겪게 될 것이다. 그러나 바름의 속성으로 두 경계를 매개한다는 것이 이론적으로 이해될 수 있으나 실제적 경험상 모호하게 만들기도 한다. 왜냐하면 바름이 깨달음이란 체득처의 상태로 해석되기 때문이기도 하지만, 학문적인 **도학적 탐구**(단순한 지식 습득을 넘어, 도(道)—즉 인간이 마땅히 따라야 할 도리와 우주의 이치가 합일된 상태에서 비롯되는 실천적 탐구 과정을 의미)를 통해 깨달음에 관한 결과가 일반화로 정리되지 않았기 때문이다. 또한, 열역학에서는 계(system)의 상태를 통해 전체적 관점 혹은 통합적 관점으로 유형과 무형의 상호작용을 일원론적으로 분석할 수 있다.

㈐ 예술적 표현

예술에서는 두 세계를 유형계에서 표현되는 두 양태로서의 이해이다. 따라서 유형계 내에서 존재하는 예술적 표현 형태가 유형과 무형의 두 양태의 연결을 추상적 표현과 상징적 이미지로 나타낼 수 있는 것이다. 예를 들어, **음악은 유형적 요소(소리)와 무형적 요소(감정, 의미)를 결합**하여 표현된다. 현대 미술에서는 개념 예술을 통해 유형과 무형의 관계를 탐구하는 작품들이 존재하며, 이는 관객의 해석에 따라 다양한 의미의 표현 양식을 가질 수 있는 것과 같다. 이러한 연결 상태는 절대적인 것이 아니라, 시대와 문화, 학문적 관점에 따라 다르게 정의될 수 있기 때문이다.

결론적으로 무형계와 유형계로 표현되는 두 세계는 분리된 이원론보다 분리되지 않은 일원론적 연결 상태로 위의 3가지의 관점으로 표현됨을 살펴볼 수 있었다.

II
바름(正)과 일지(一止)사상의 관계

1. 바름(正)의 의미

한자의 '正' 자는 '바르다'나 '정당하다'라는 뜻을 가진 글자이다. '正' 자에서 말하는 '바르다'라는 것은 '옳을 일'이라는 뜻이다. '正' 자는 止(그칠 지) 자에 一(한 일) 자가 결합한 모습이다. 그러므로 '正' 자가 지닌 의미로서 一(한 일)과 止(그칠 지)는 순일무잡(純一無雜: 허 섞인 것이 없는 곳에서 그친 것.)한 것을 바름이란 뜻의 형식으로 드러낸 것이 정(正)이다.

이 정(正)의 사전적 의미는
"첫째. '바르다. 바로 잡다. 갖추어지다.'의 의미이고, 둘째. ① 명사로 '옳은 길, 올바른 일.' ② 철학적으로 '정립(定立)'"의 의미를 지닌다.

정(正)의 자전(字典)에서의 부수는 그칠 지(止)에 해당된다. 그치되어디서 그치는가? 일(一)에서 그치는 것이다. 이때 일(一)이란? '모두가 **동일한 상태**[즉 순일(純一)함, 전일(全一)함]에서 그치는 것'이다. 이것을 '일지(一止) 상태'라 하는 것이다. 그러므로 바름(正)이란 일지(一止)로 표현할 수 있는 것이다.

2. 바름(正)의 철학이란

　바름(正)의 철학은 올바름과 일지(一止) 상태의 균형을 유지하는 원리를 탐구하는 철학적 개념이다. 이는 윤리적 삶과 도덕적 판단의 기준으로 작용하며, 다양한 철학적 접근에서 중요한 역할을 하게 된다.

『논어』에서 드러난 바름(正)

　공자는 바름(正)을 정명(正名)과 정도(正道)의 개념으로 사용하고 있으며 『논어』 안연(顏淵)편 17~19장에 이르길,

"季康子問政於孔子。孔子對曰：「**政者，正也**。子帥以正，孰敢不正?"
"계강자, 문정어공자, 공자대 왈: 징자, 징야, 자솔이정, 숙감불정?"

"계강자가 공자에게 정치에 대해 물었다. 공자가 대답하길 "**정치란 바르게 하는 것입니다. 당신이 바름으로써 솔선수범한다면 누가 감히 바르지 않겠습니까?**"라고 하였다. 정치의 핵심을 바름(正)으로 보고, 이것이 공동체에서 도덕적 원칙과 윤리적 실천의 핵심 가치로 본 것이다.

정명(正名)이란 "**군군 신신 부부 자자(郡君 臣臣 父父 子子)**" 임금은 임금답게 하고, 신하는 신하답게 하고, 아버지는 아버지답게 하고, 자식은 자식답게 해야 한다는 표현으로 이름과 실제가 일치해야 함을 보여주고 있다. 이것은 용어가 개념에 적확하게 사용해야 함을 지적한 것이기도 하다. 여기서 정명(正名)의 가치는 일치가 되었기에 참인 것이 되지만 일치가 되지 않았다면 그것은 오류 혹은 거짓이 된다. 따라서 정명(正名)이란 언행의 일치가 요구되는 것이다.

정도(正道)란 인간의 마땅히 해야 할 바른 도리(道理)를 실천하는 것이다. 이때의 바른 도리란 올바르고 변함이 없는 도리를 설명한 것이다. 이러한 도리가 **중용(中庸)**으로서 '**과하거나 부족함이 없이 떳떳하며 한쪽으로 치우침이 없는 상태나 정도**'가 된다. 그리고 『논어』에서 정자(正者)란 것은 중(中)으로 중용을 뜻하게 되는 것이다. 그러므로 **인간의 바른 도리는 중용을 실천하는 것이** 된다.

이처럼 바름(正)은 단순한 도덕적 개념이자 사회적 질서를 유지하는 원리로 작용할 수 있다. 도덕적 개념으로는 선(善)의 의미를 보존하여 유지하는 것과 일치하며, 사회적 질서를 유지하는 원리는 의(義)를 실천하는 것과 일치하게 된다. 따라서 바름(正)은 선(善)과 의(義)가 지닌 동일한 의미의 다른 표현이다. 이러한 표현은 바른 삶이란 자신의 행동이 도덕적 실천이자 사회적 질서를 지키는 윤리적 기준에 부합하는지 성찰하는 과정을 포함하게 되는 것이다.

3. 바름(正)의 철학적 접근

도덕 심리학(철학과 심리학 모두를 연구하는 분야로 오늘날 도덕 심리학은 생물학적, 인지/계산 및 문화적 도덕적 판단과 행동의 기초, 그리고 인공지능의 맥락에서 도덕적 판단에 대한 연구를 뜻함)에서는 바름(正)이 개인의 윤리적 판단과 사회적 관계 형성에 영향을 미친다고 분석한다.

공리주의[인간 행위의 윤리적 기초를 개인의 이익과 쾌락의 추구에 두고, 무엇이 이익인가를 결정하는 것은 개인의 행복이라고 하며, '도덕은 최대 다수의 최대 행복을 목적으로 한다.'는 최대 행복의 원리(Greatest Happiness Principle)]와 의무론(행동의 도덕성을 그 결과가 아닌 행동 자체의 규칙이나 원칙에 기반하여 평가하는 이론으로 행위의 선악을 결정하는 것이 동기라는 점과 이성적이고 자율적인 인간이 보편적인 도덕 법칙을 인식할 수 있다고 보고 있는 것)에서도 바름(正)은 도덕적 판단의 기준으로 작용하며, 사회적 조화를 이루는 원리로 활용된다.

4. 바름(正)의 실천 방법

바름(正)은 이 단어 자체가 지닌 의미가 윤리적 기준에 부합하는지 성찰하는 과정을 포함하게 되는 표현이라 했다. 이는 윤리란 절대자(天, 道, 神, 완전한 善, 절대적 善)에서 비롯되어 일지(一止) 상태의 바름(正)으로 모든 만물에 내재하게 된 것이다. 내재된 이것이 모든 인간에게 내적으로는 선(善)함을 외적으로는 의(義)로움으로 표출하게 되는 것이 바른 것이 된다. 따라서 개인으로서 내면의 성찰과 관계로서 사회적 실천은 자연과의 조화를 바탕으로 하는 실천이라 할 수 있다.

인간에게 내면의 성찰 의미는 선(善)함을 보존하고 유지하여 양심에 어긋나지 않는 자신의 행동이 윤리적 기준에 부합하는지 돌아보는 것이고, 사회적 실천의 의미는 의(義)로움을 실천하여 타자와의 바람직한 관계를 통하여 공동체의 조화를 유지하기 위한 윤리적 행동을 실천하는 것이다. 내면의 성찰과 사회적 실천의 결과는 자연과의 조화를 형성하게 된다. 이러한 자연과의 조화는 환경보호와 지속 가능한 삶을 실천하여 자연과 인간의 균형을 유지하도록 만들어지게 한다.

이 바름(正)의 철학은 윤리적 삶과 도덕적 판단의 기준을 제공하며, 이를 통해 자연과 인간의 조화와 균형을 바르게 이루어지게 하려는 철학적 체계를 형성하는 것이다.

바름(正)의 철학은 개인과 공동체 모두에게 적용될 수 있으며, 각각의 적용 방식에 따라 조화와 균형을 유지하는 원리가 다르게 나타난다.

㈎ 개인에게 적용될 때의 상태

내면의 안정과 **행동의 일관성** 그리고 **자기 성장**의 세 관점으로 살펴볼 수 있다.

○ **내면의 안정**으로는 바름(正)을 실천하는 개인은 도덕적 성찰과 윤리적 판단을 통해 평정심을 이뤄내 내면의 조화를 유지하게 한다.

○ **행동의 일관성**으로는 바름(正)을 실천하는 개인은 올바른 삶을 실천하는 과정에서 자신의 가치관과 행동이 일관성을 가지며, 윤리적 기준을 따르게 된다.

○ **자기 성장**으로는 바름(正)을 실천하는 개인은 바름(正)의 철학을 내면의 안정을 가져다주는 선(善)함을 지닌 평정심과 이를 의(義)로움으로 드러내는 실천적 행위로 인해 개인은 그 자신을 끊임없이 발전시키며, 도덕적 성숙을 이룩하게 된다.

㈏ 공동체에 적용될 때의 상태

사회적 조화와 **공정한 질서** 그리고 **공동체의 지속 가능성**의 세 관점으로 살펴볼 수 있다.

○ **사회적 조화**로서는 공동체 내에서 바름(正)이 실천되면 구성원 간의 신뢰와 협력이 강화되며, 사회적 안정성이 높아지게 된다.

○ **공정한 질서**로서는 윤리적 원칙이 유지되면서 공정한 법과 제

도가 확립되고, 사회적 정의가 실현되게 한다.

○ **공동체의 지속 가능성**으로는 바름(正)의 철학이 공동체에 적용되면 사회적 갈등이 줄어들고, 지속 가능한 발전이 가능해지게 된다.

㈐ 가장 적합한 실천 방안

개인의 실천 방법으로 **자기성찰, 도덕적 행동, 책임감 있는 삶**의 관점으로 살펴볼 수 있다.

○ **자기 성찰**의 관점은 자신의 행동과 가치관을 돌아보고, 윤리적 기준을 확립하는 것이다.

○ **도덕적 행동**의 관점은 정직과 신뢰를 바탕으로 타인과의 관계를 형성하는 것이다.

○ **책임감 있는 삶**의 관점은 자신의 행동이 공동체에 미치는 영향을 고려하며 살아가는 것이다.

공동체의 실천 방법으로 **공정한 법과 제도 확립, 윤리 교육 강화, 사회적 연대**의 관점으로 살펴볼 수 있다.

○ **공정한 법과 제도 확립**의 관점은 사회적 정의를 실현하기 위한 바른 법과 바른 정책을 마련하는 것이다.

○ **윤리 교육 강화**의 관점은 도덕적 가치와 윤리적 행동을 가정과 학교와 사회교육을 통하여 공동체의 조화를 유지하게 하는 것이다.

○ **사회적 연대**의 관점은 공동체 구성원 간의 협력과 신뢰를 바탕으로 지속 가능한 공동체를 형성하는 것이다.

바름(正)의 철학은 개인과 공동체 모두에게 적용될 수 있으며, 이를 실천하는 과정에서 조화와 균형을 이루는 철학적 체계를 형성할 수 있게 된다. 아울러 현재와 미래 사회에서 모두가 긍정적 삶을 살아가기 위한 가장 효율적 방법이기도 하다.

5. 바름(正)의 철학과 일지사상(一止思想)

바름(正)의 철학과 일지사상(一止思想)은 모두 조화와 균형을 유지하는 원리를 강조하며, 인간과 사회의 올바른 질서를 탐구하는 철학적 기반을 제공한다.

㈎ 바름(正)의 철학과 일지(一止)사상의 공통점

바름(正)의 철학과 일지(一止)사상은 현실에서 드러나는 방법으로 도덕적·윤리적 실천을 통해 바람직한 사회적 조화를 완성하여 공동체에서의 조화와 균형을 달성하려는 실천적인 면을 지닌다. 도덕적·윤리적 실천은 바름(正)에 의하면 선함과 정의로움을 실천하는 도덕적 원칙과 절대자에서 비롯되는 질서체계를 이룩하는 실천을 강조하는 것이다.

일지(一止)사상은 깨달음의 상태를 중시하기에 내면의 성찰과 성찰된 자아를 자신과 타자에게 바르게 실천하는 바람직한 관계의 삶을 중요하게 여긴다. 그러기 때문에 일지(一止)사상을 바탕으로 하는 윤리적 실천은 개인으로부터 윤리적 확장을 통하여 바람직한 사회를 만들어가기 위한 작업의 일환이 된다. 공동체에서 바람직한 사회를 만드는 사회적 조화를 완성하기 위해서는 바름(正)을 유지하는 것이 일지(一止)사상의 근본이라 할 수 있다. 왜냐하면 바름(正)은 공정한 질서를 유지하는 원리이며, 일지(一止)사상은 바름(正)을 지키며 사회적 균형을 이루는 철학적 기반을 제공하기 때문이다. 이러한 바름(正)의 철학과 일지(一止)사상은 윤리적 실천과 바람직한 사회적 조화를 완성하기 위해 공동체 내의 일상의 삶에서 모든 것의 조화와 균형을 이루게 하려는 것이 된다. 그러므로 두 사상 모두 모든 혼란을 멈추고 본질적인 질서를 공동체에서 유지 및 실천하는 과정을 강조하는 것들이라 하겠다.

(나) 바름(正)의 철학과 일지(一止)사상의 차이점

바름(正)의 속성은 기본적으로 신(神), 절대자, 천(天), 도(道), 불(佛) 등이 되고, 이들 지닌 속성은 완전성, 절대성, 보편성 등으로 표현되지만, 속성에 대한 인격적 의미로는 절대적 선(善), 완전한 선(善) 등으로 표현할 수 있다. 이러한 표현들을 바름(正)이란 용어로 대체해 사용될 수 있기에 바름(正)은 보이지 않은 세계와 보이는 세계에서 모두 적용되는 개념이 된다.

반면에 일지(一止)사상은 바름(正)의 의미를 지니기도 하지만 보이지 않는 세계와 보이는 세계의 경계면의 모습이라 할 수 있다. 이 경계면의 모습은 순일무잡(純一無雜)의 순선(純善)함이 된다. 그렇지만 순선(純善)의 모습으로 존재하는 경계면은 바름(正)의 순선

(純善)한 전일(全一)함으로 이루어지는 것으로 표현할 수 있다. 이렇게 표현된 순선(純善)한 전일(全一)함의 모습은 일지(一止)의 모습이고 일지(一止) 상태로 세상을 이해하려는 태도가 바름(正)의 의미로 드러난 일지(一止)사상이다. 따라서 바름(正)은 보이지 않은 세계와 보이는 세계의 속성을 드러내는 모든 것의 소통 형식이지만, 일지(一止)는 두 경계면을 순선(純善)의 전일(全一)함으로 보존하고 유지하면서 현실에 대응하는 태도를 말하는 것이다. 현실에 대응하는 자세로 표현을 한다면 일지(一止) 상태란 깨달은 상태인 불교의 해탈이 이뤄진 것과 같고, 일지(一止) 상태가 이뤄진 곳에서 지속적인 모습으로 이어 나가는 것은, 해탈 후 적멸의 상태를 유지해 나가는 열반의 경지가 되는 것이다. 이 열반의 지속적인 모습이 현실로 드러날 때 궁극적인 선(善)을 지켜가는 것이자 의(義)를 실천해 나가는 것으로 표현할 수 있다.

그러므로 바름(正)은 보이지 않는 세계와 보이는 세계를 관통하는 개념이 되는 것이다. 이는 플라톤의 이데아 세계와 그림자 세계를 관통하는 원리적 개념이라 할 수 있다. 일지(一止)사상은 두 세계의 경계면을 바름(正)으로 유지하면서 보이는 세계, 즉 그림자의 세계에서 바람직한 삶을 살아가는 실천적 방법으로 제공되는 것을 뜻하는 것이다. 이때 실천적 방법으로 제공되는 개념으로는 경계면의 바름(正)을 나타내는 것으로 사람에 있어서는 내적으로 선(善)함을 유지하는 것이고 외적으로는 의(義)로움을 실천하는 것이 되며, 이를 실천적으로 행하는 방법으로는 중용(中庸)의 모습으로 구현하는 것이다. 이러한 의미에서 우리가 사는 세계는 이원론적인 분리된 세계가 아닌 유기적 일원론인 통합적 세계관으로 구성되어 있다고 할 수 있다.

㈐ 바름(正)과 일심(一心)사상

바름(正)의 본래 의미를 살펴보면, 그것은 한자에서의 "정(正)"은 "바르다", "올바르다", "정당하다" 등의 뜻을 가지며, 균형과 조화, 올바른 길을 의미한다. 고대 문자에서 "정(正)"은 발(止)와 한 일(一)이 결합된 형태로, 올바른 방향으로 나아가는 것 혹은 전일한 상태에서 머무는 것을 뜻하기도 한다. 이렇게 머무는 곳을 보이지 않은 세계와 보이는 세계의 경계라고 한다. 이 경계는 보이지 않은 세계와 보이는 세계의 경계에 머무는 상태, 즉 경계면이라 할 수 있다. 경계에 머무는 상태로의 "정(正)"의 개념은 우주의 조화와 균형을 유지하는 올바른 길을 의미한다. 그런 의미에서 바름(正)이란 경계를 지칭하기도 하지만 보이지 않는 세계와 보이는 세계의 속성이기도 하다. 이 속성이 우주론적으로 드러나는 표현이 신(神), 천(天), 도(道), 이(理), 기(氣) 등으로 나타나지만 인간에게는 신의 뜻, 하늘이 부여한 것, 도에 따르는 것, 이치에 합당하게 하는 것, 기의 흐름에 속하는 것 등으로 설명될 수 있다. 그러나 바름(正)에 대한 원효의 표현은 일심(一心)사상으로 드러난다. 원효의 일심(一心)사상은 모든 존재와 현상이 하나의 마음(일심)에서 비롯되며, 결국 모든 것이 하나인 일심(一心)으로 연결되어 있다는 원효 철학이다. 따라서 원효의 일심사상은 바름(正)으로 드러난 곳에 대한 다른 표현 방식이라 할 수 있다. 원효의 일심사상에 대한 것을 보다 구체적으로 살펴본다면, 일심사상은 모든 존재와 현상이 하나의 마음(일심)에서 비롯되며, 그 모든 것이 하나로 연결되어 있다는 유기적 관계의 일원론적 철학이다. 이 사상은 개별적인 존재들이 본질적으로 하나의 근원적 실체에서 비롯되며, 서로 분리되지 않는다는 의미를 나타낸다. 그러므로 원효의 일심사상은 모든 불교 이론과 종파가 하나의 깨달음(일심)에서 비롯된 것이기에, 서로 대립할 필요가 없다고 주장하고 있다. 원효는 모든 것에 대한 이해는 하나의 깨달음(일심)에서 비롯되기에 외부에서 진리를 찾으려 하기보다, 자신의 내면에서 깨달음을 얻어야 본질적인 것을 알 수 있게 됨을 강조한다. 그는 우리가 경험하는 현실이 더 근본적인 차원의 일심(一心)의 일부일 뿐이며, 본질적인 실체는 경험하는 현실보다 더 깊은 곳에 존재한다고 보며, "모든 것은 하나이며, 우리가 경험하는 현실은 더 깊은 차원의 일부"라는 일심(一心)에 따른 일원론적인 통합적 세계관을 말하고 있다. 일심(一心)사상에서 주의해야 할 점은 마음(心)이란 표현이 하나는 인간의 내적 상태로 인지하기도 하고 다른 하나는 우주론적인 외적 상태로 보기도 한다. 이는 외적 상태의 마음(心)이 인간에게도 마음(心)으로 내재함을 가르치지만, 이때의 두 마음(心)은 같은 속성을 지닌 한마음이기에 일심(一心)인 것이다.

6. 무형계와 유형계의 경계면 사상

우리가 살아가는 세계는 보이지 않는 무형계(無形界)와 보이는 유형계(有形界)로 구성되어 있다. 두 세계로 구성된 곳에는 서로가 분리되는 지점이 있게 된다. 이렇게 두 곳으로 구분하며 분리되는 지점을 구분점이라 한다. 그리고 구분점으로 불리는 곳을 '점'이 아닌 면적의 경계라면 '경계면'이라 부르기로 한다. 경계면으로 부르는 곳은 무형계(無形界)와 유형계(有形界)가 모두 매개하는 곳이기도 하여 서로의 매개 지역이자 소통하는 지역이 된다. 이러한 소통지역의 상태를 바름(正)이라 하여 바름(正)으로 드러나는 특징이 두 세계를 매개하는 성격으로 규정되기도 한다. 그러므로 바름(正)은 두 세계의 경계면을 소통하는 상태로 표현할 수 있게 된다.

(가) 무형계와 유형계의 경계면

무형계는 형체, 즉 "모양, 형상, 외양"이 없는 세계이다. 이것은 정신적·추상적·비물질적인 영역을 의미하며, 플라톤의 이데아 세계를 의미한다. 유형계는 형체가 있는 세계, 즉 물질적·구체적·감각적으로 인식할 수 있는 영역으로 플라톤에 의하면 그림자의 세계를 뜻한다.

우리의 삶에서 이 두 세계는 완전히 분리된 것이 아니라 서로 영향(소통)을 주고받으며 연결되어 있는 경계면을 형성한다. 경계면에 대한 표현으로 깨달음에 이른 곳, 즉 적멸 상태를 말하며 적멸 상태가 순수하고 일정한 상태를 유지하기에 순일무잡(純一無雜)의 순일(純一)함으로 표현된다. 이러한 순일무잡(純一無雜)의 순일(純一)함을 유지하는 것을 바름(正)으로 표현하게 된다.

(나) 바름(正)의 개념과 경계면

"바름(正)"은 적멸 상태의 순일무잡(純一無雜)의 순일(純一)함으로 균형, 조화, 올바름을 의미하며, 혼란을 정리하고 질서를 유지하는 원리로 작용한다. 무형계와 유형계의 경계면에서 바름(正)은 두 세계가 조화롭게 연결될 수 있도록 하는 원리로 해석된다. 이 원리는 바름(正)을 매개하는 정신적 깨달음(무형계)이 현실적 행동(유형계)으로 이어질 때, 그 과정이 올바르고 조화롭게 이루어진다면 "바름(正)"의 역할을 통하여 두 세계를 넘나들게 될 것이다.

(다) 경계면에 대한 맺음 이야기

무형계와 유형계의 경계면은 바름(正)의 원리를 통해 조화롭게 연결될 수 있으며, 이를 통해 유형계에서 균형과 질서가 유지될 수 있다고 본다. 경계면에서의 바름(正)은 즉, 적멸 상태와 정신적 깨달음이 지혜의 발현을 통해 바름(正)에서 비롯되는 현실적 행동이 올바르게 조화를 이루는 과정이 된다. 이러한 올바른 조화의 과정은 무형계의 속성을 보존하면서 유형계에서 "바름(正)"으로의 역할을 바람직하게 수행하도록 하는 것이다.

7. 일지(一止)사상과 바름(正)의 경계면 사상

앞서 살펴본 바름(正)의 의미와 경계면 사상은 무형계와 유형계인 두 세계의 구분되는 분리지점을 경계라 하여 경계면으로 부르고 경계면의 상태를 돈오(頓悟)의 깨달음과 멸고(滅苦)를 이룬 적멸(寂滅)의 상태로 표현할 수 있었다. 이러한 바름(正)의 상태에 다다르게 되면 지혜가 발현하게 된다. 지혜가 발현되는 자리는 순일(純一)함 상태로 속성상 선(善)함으로 표현할 수 있다. 이 선(善)함으로 표현된 것을 바름(正)이 지켜지는 경지라 하여 두 세계를 매개하는 개념이 된다. 매개의 개념으로 표현되는 선(善)함의 속성과 바름(正)의 상태로 지켜지는 것을 일지(一止)라 하고 일지(一止)로 드러내는 사상을 **일지(一止)사상**으로 표현하게 된다.

(개) 일지(一止)의 의미

"일지(一止)"는 문자 그대로 해석하면 "올바른 길로 나아가는 것이자 올바름에서 이탈되지 않는 전일(全一)함에서의 멈춤"을 뜻한다. 이는 순일(純一)함 상태로서 속성상 선(善)함의 상태가 되며 선(善)함의 상태의 경계면이 유형계의 현상으로 드러나게 될 때, 그 모습은 혼란과 분열을 멈추고 본래의 조화로운 상태로 돌아가 질서가 유지되는 과정으로 표현할 수 있다.

불교적 수행에서 "지(止)"의 모습은 깨달음과 적멸의 상태라 하였다. 이러한 상태는 사람에게선 마음의 혼란을 멈추고 본질적인 깨달음을 유지하여 나아가는 과정을 뜻하며, 이는 바름(正)의 모습이 유지되는 개념이라 할 수 있다. 그러므로 "일지(一止)"는 선(善)함의 속성과 바름(正)의 상태로 지켜지는 것이라 하겠다.

(나) 바름(正)과 경계면의 사상

바름(正)은 무형계와 유형계의 경계면을 나타내는 상태가 된다. 바름(正)의 상태는 무형계에서는 순일무잡(純一無雜)의 순일(純一)한 상태이고 유형계에서는 균형과 조화를 이루는 질서정연한 원리가 된다. 이 바름(正)의 상태는 두 경계의 경계면에서 순일무잡(純一無雜)의 순일(純一)한 상태와 균형과 조화를 이룩하여 질서 정연함을 유지하는 것이 된다. 이처럼 바름(正)으로 비롯되는 경계면에서 나타나는 다양한 모습은 유형계에서 균형과 조화를 이루는 질서로 보이게 되는 사상이기에 경계면 사상이라 할 수 있다.

이 경계면 사상은 두 세계가 분리되지 않고 상호작용으로 소통하고 있게 된다. 이 소통은 경계를 매개하여 하나로 연결되어 있게 되는데 이때의 경계면 속성은 바름(正)이 된다. 이 바름(正)이 되는 경계면이 일지(一止)로 표현되기에 일지(一止)사상이라 하는 것이다.

(다) 일지(一止)로 정리되는 사상 체계

일지(一止)는 모든 혼란을 멈추고 적멸(寂滅)이 이뤄진 본래의 순일무잡(純一無雜)한 상태의 순일(純一)함의 조화로운 상태로 돌아간 모습을 의미하며, 이는 바름(正)의 개념과 경계면의 사상을 통합하는 원리로 작용할 수 있는 것이다.

불교 수행에서 "지(止)"는 마음을 안정시키고 깨달음을 이룬 상태에 도달한 상태를 뜻하며, 이는 경계면에서 균형을 유지하는 바름(正)의 역할과도 같은 것이다.

따라서 바름(正)의 개념과 경계면의 사상은 일지(一止)로 정리될 수 있으며, 이는 궁극적으로 조화와 균형을 이루는 사상 체계로 볼 수 있다. 아울러 만법귀일(萬法歸一) 즉 '모든 법이 하나로 귀결됨'을 보여주는 것이 된다.

III
일지(一止)사상과 다양한 사상들과의 관계

1. 일지(一止)사상과 동·서양 철학

　일지(一止)사상과 동·서양 철학은 서로 밀접한 관계가 있다. 동·서양 철학은 각각 지역에 따른 독특한 역사적 배경과 문화적 맥락에서 발전했으며, 또한 존재의 본질과 조화로운 삶을 추구하는 이상 사회를 탐구하는 목표를 공통으로 가지고 있다. 이러한 공통된 목표는 바름(正)이 바탕이 된 바람직한 공동체의 구현을 목적으로 조화와 질서를 추구하였다. 이러한 추구는 일지(一止)사상이 바람직한 공동체의 구현을 이룩하기 위한 이론적 토대이기도 하다. 따라서 일지(一止)사상과 동·서양 철학은 사상적으로 일치하는 공통의 개념으로 **일지(一止)**의 개념을 성찰하게 된다.

⑺ 동·서양 철학의 핵심 개념과 일지(一止)

　동양 철학은 **조화와 관계를 중시**하며, 유교, 도가, 불교 등의 사상에서 자연과 인간의 조화로운 관계를 강조하고 있다. 반면에 서양 철학은 주로 **이성과 논리를 강조**하며, 존재의 본질을 탐구하는 과정에서 형이상학, 인식론, 윤리학 등의 분야를 발전시켜 왔다.
　일지(一止)사상은 무형계와 유형계의 경계면 사상으로 무형계를 보존하고 유지하며 유형계에서 모든 혼란을 멈추고 본질적인 조화와 균형을 이루는 과정을 성찰하게 하는 사상이다, 따라서 일지(一止)사상은 동·서양 철학의 핵심 개념과 연결되는 사상이라 할 수 있다.

⑷ 동·서양 철학과 일지(一止)의 관계

　서양 철학의 실존주의(예: 하이데거, 사르트르)는 개인의 존재와 본질을 탐구하며, 삶의 의미를 찾는 과정을 강조한다. 이는 일지(一止)의 개념에서 본질적인 깨달음을 통해 개인의 존재와 본질을 탐구하며, 생활 속 삶의 의미로서 조화를 이루는 과정을 살펴볼 수 있게 한다.
　동양 철학의 불교 사상(예: 선불교, 화엄사상)은 모든 존재가 하나의 본질적 실체에서 비롯되며, 분리되지 않는다는 일원론적 개념을 강조한다. 이는 일지(一止)의 경계면 사상과의 원리와도 연결될 수 있다.
　도가(道家) 사상에서 강조하는 무위(無爲)와 자연의 흐름은 일지

(一止) 개념의 또 다른 표현으로, 인위적인 혼란을 멈추고 자연의 흐름에 따르는 본질적인 조화를 이루는 과정을 의미한다.

⑷ 일지(一止)사상이 현대 철학에서 적용 가능성

일지(一止)사상은 동·서양 철학의 핵심 개념을 통합하는 원리로 작용할 수 있으며, 현대 철학에서도 실용적인 사상 체계로 발전할 가능성이 있다.

이는 불교 철학, 동양 사상, 서양 사상, 그리고 현대 실용주의 철학과 연결하여 더욱 깊이 탐구될 수 있는 개념이다. 그러므로 일지(一止)사상은 동·서양 철학과 깊은 관계가 있으며, 이를 통해 조화와 균형을 이루는 생활 속에서 이뤄지는 실용적인 철학적 체계로 정립할 수 있다.

2. 일지(一止)사상과 공자, 맹자, 순자 사상 비교

일지(一止)사상과 공자, 맹자, 순자의 사상을 비교하면, 각각의 철학이 조화와 균형을 유지하는 방식에서 공통점과 차이점을 발견할 수 있다. 공통점으로는 인간의 본질과 조화를 살필 수 있으며, 차이점으로는 인간 본성에 대한 접근에서 살펴볼 수 있다.

⑺ 공통점: 인간의 본질과 조화

일지(一止)사상은 경계면 사상으로 바름(正)을 통하여 모든 혼란을 멈추고 본질적인 조화와 균형을 이루는 과정을 의미한다. 공자, 맹자, 순자의 사상은 인간의 본성과 사회적 조화를 강조하며, 윤리적 삶을 실천하는 철학적 기반을 제공한다. 특히 공자의 인(仁), 맹자의 성선설(性善說), 순자의 성악설(性惡說)은 인간의 본성과 윤리적 조화를 탐구하는 과정과 연결될 수 있다.

⑷ 차이점: 인간 본성에 대한 접근

비교 항목	일지(一止) 사상	공자	맹자	순자
철학적 성향	내면의 조화와 균형	인(仁)을 통한 도덕적 조화	성선설(性善說)	성악설(性惡說)
핵심 개념	혼란을 멈추고 본질적 질서 유지	덕치(德治)와 예(禮)	왕도정치(王道政治)	예치(禮治)
인간 본성	본질적 조화	인간은 도덕적 존재	인간은 본래 선함	인간은 본래 이기적

※ '인간은 본래 이기적이다'로 출발한 사상가: 순자(교육 중시), 한비자(법 중시), 마키아벨리(도덕보다 실용 중시 ⇒ 거짓말, 사기, 공포감 조성 등을 활용)

이들이 주장하는 '이기적'이라 함은 사람으로 태어난 후 생존 욕구가 지나치게 되면서 나타나는 이기적 현상을 사람들의 본래 모습으로 본다는 것은 지나침이 있다. '이기적'이란 언어 속에는 중용에서 벗어남이란 의미가 있음을 안다면 이기적이란 표현은 이기적인 사람이 자신의 삶을 잘못 살고 있음을 뜻하는 단어로 봐야 할 것이다.

㈐ 사상적 통합 가능성

일지(一止)사상은 바름(正)을 통한 관계의 바람직함이 공자의 인(仁)과 연결될 수 있으며, 이는 인간의 도덕적 조화를 이루는 철학적 체계를 형성할 수 있게 한다.

맹자의 바름(正)을 통한 관계의 바람직함이 성선설과 연결될 수 있으며, 인간의 본성이 조화를 이루는 과정과 관련될 수 있게 한다.

순자의 바름(正)을 통한 관계의 바람직함이 교육을 통해 성악설을 교정할 수 있다는 것과도 연결될 수 있으며, 인간의 본성을 관계의 바람직함으로 교화하여 바름(正)에 따른 조화를 이루는 과정과 관련될 수 있다고 본다.

일지(一止)사상은 바름(正)을 통한 관계의 바람직함이 공자, 맹자, 순자의 핵심 개념과 연결될 수 있으며, 이를 통해 조화와 균형을 이루는 철학적 체계를 정립할 수 있는 사상적 통합이 가능한 사상이다.

3. 일지(一止)사상으로 성찰하는 서양 철학 및 세계관

일지(一止)사상을 통해 서양 철학과 서양의 세계관을 성찰해 보면, 존재의 본질과 조화로운 질서를 탐구하는 방식에서 공통점과 차이점을 발견할 수 있을 것이다.

⑺ 공통점: 조화와 균형의 원리

일지(一止)사상은 바름(正)을 통한 관계의 바람직함을 유지하도록 하여 모든 혼란을 멈추고 본질적인 조화와 균형을 이루는 과정을 의미한다고 했다.
서양 철학에서도 동양에서와 마찬가지로 존재의 본질과 질서를 탐구하는 다양한 철학적 접근이 존재한다.
예를 들어, 플라톤의 이데아론은 무형계의 완전한 본질을 탐구하는 과정이며, 아리스토텔레스의 목적론은 유형계의 모든 존재가 특정한 목적(최고선, 행복)을 향해 나아간다는 바름(正)을 통한 관계의 바람직한 개념을 포함하고 있다.

⑷ 차이점: 조화의 방식과 실천

서양 철학에서 존재의 본질은 무형계의 양태와 유형계의 양태를 이데아론과 목적론으로 이원화하여 보고 있다. 이데아론은 논리적 분석보다 경험으로 불리는 체험적인 특성인 깨달음과 관련이 있으며, 목적론은 논리적 추구를 통해 최고선의 행복을 찾아가는 과정에서 찾을 수 있는 것으로 보인다. 반면에 일지(一止)사상은 경계면 사상으로 무형계의 양태는 본질적으로 조화 그 자체이자 균형적인 모습이나, 유형계의 양태는 무형계의 바름의 속성을 그대로 유형계에 드러내는 작업이기에 본질적 조화와 균형이 보존되고 유지되도록 해야 한다. 이를 실천하기 위해 개인적으로 극기(克己)하는 내면의 성찰과 바름을 실천하여 공동체에서 조화를 이루는 이상 사회의 실현을 추구한다. 이를 표현하면 다음과 같은 것이 된다.

철학적 접근	서양철학	일지(一止) 사상
존재의 본질	형이상학적 탐구 (이데아, 목적론)	본질적 조화와 균형
실천 방식	논리적 분석과 경험적 탐구	내면의 성찰과 실천
사회적 적용	정치철학, 윤리학	개인과 공동체의 조화

⑷ 일지(一止)사상과 서양 세계관

　서양 철학의 실존주의(예: 하이데거, 사르트르)는 개인의 존재와 본질을 탐구하며, 삶의 의미를 찾는 과정을 강조한다.
　일지(一止)사상은 경계면 사상으로 이러한 실존적 탐구와 연결될 수 있으며, 내면의 조화를 통해 평정심을 통한 삶의 방향을 설정하는 원리로 작용할 수 있다.
　또한 칸트의 도덕 법칙과도 연결될 수 있으며, 이는 바름(正)과 선(善)함이라는 보편적 윤리를 통해 의(義)의 실천을 통해 정의 사회 구현이라는 이상 사회의 조화를 이루는 과정을 포함한다.

그러므로 일지(一止)사상은 서양 철학과 연결될 수 있으며, 존재의 본질과 조화로운 질서를 탐구하는 철학적 체계를 형성할 수 있게 된다. 이는 불교 철학, 동양 사상, 서양 사상, 그리고 서양 형이상학과 연결하여 더욱 깊이 탐구될 수 있는 개념이라 할 수 있다.

4. 일지(一止)사상과 고대 동·서양 철학

동·서양 철학과 일지(一止)사상은 서로 관계가 있다고 볼 수 있다. 동·서양 철학은 각각 독특한 역사적 배경과 문화적 맥락에서 발전했지만, 사람으로서 존재의 본질과 조화로운 삶을 탐구하는 공통된 목표를 가지고 있다.

(가) 동·서양 철학의 핵심 개념과 일지(一止)사상

서양 철학은 주로 경험론보다는 합리론인 이성과 논리를 강조하며, 존재의 본질을 탐구하는 과정에서 형이상학, 인식론, 윤리학 등의 분야를 발전시켰다.

동양 철학은 조화와 관계를 중시하며, 유교, 도가, 불교 등의 사상에서 자연과 인간의 조화로운 관계를 강조하였다.

반면에 일지(一止)사상은 바름(正)을 통한 관계의 바람직함이 무형계의 바름을 보존하고 유형계의 모든 혼란을 멈추고 본질적인 조화와 균형을 이루는 과정을 의미하며, 이는 이상 사회를 구현하는 동·서양 철학의 핵심 개념과 연결될 수 있다.

㈏ 동·서양 철학과 일지(一止)의 관계

서양 철학의 실존주의(예: 하이데거, 사르트르)는 개인의 존재와 본질을 탐구하며, 삶의 의미를 찾는 과정을 강조한다. 이는 일지(一止)의 개념과 유사하게, 본질적인 깨달음을 통해 조화를 이루는 과정으로 자리이타(自利利他)적인 삶을 통해 볼 수 있다. 여기서 실존주의의 성찰이 동양 철학의 불교 사상(예: 선불교, 화엄사상)에서는 모든 존재가 하나의 본질적 실체에서 비롯되며, 분리되지 않는다는 일원론적인 개념을 강조한다. 이는 일지(一止)사상의 경계면 사상의 원리와도 연결될 수 있다.

도가(道家) 사상에서 강조하는 무위(無爲)와 자연의 흐름은 일지(一止)의 바름의 개념과 유사하게, 인위적인 혼란을 멈추고 본질적인 조화를 이루는 바름이 드러나는 과정을 의미할 수 있다.

㈐ 현대 철학에서의 적용 가능성

일지(一止)사상은 동·서양 철학의 핵심 개념을 통합하는 원리로 작용할 수 있으며, 현대 철학에서도 실용적인 사상 체계로 발전할 가능성이 있다. 이는 불교 철학, 동양 사상, 서양 사상, 그리고 현대 실용주의 철학과 연결하여 더욱 깊이 탐구될 수 있는 개념이다.

즉, 일지(一止)사상은 동·서양 철학과 깊은 관계가 있으며, 이를 통해 조화와 균형을 이루는 철학적 체계를 정립할 수 있다. 아울러 유형계의 현실에서 무형계의 속성인 바름(正)을 근간으로 하는 선(善)함과 의(義)로움을 구현하여 정의로운 사회라는 이상 사회를 구현하는 원리로 제공되기도 할 것이다.

5. 일지(一止)사상과 단군 사상

일지(一止)사상과 단군 사상은 유형계에서 모두 조화와 균형을 강조하는 철학적 원리를 포함하고 있으며, 인간과 자연, 사회의 조화를 이루는 데 중요한 역할을 한다. 단군 사상이 깃든 고조선 사회를 살펴보면, 고조선은 부족국가의 성격을 가진 한국 최초의 국가로, 청동기 문화를 기반으로 한 농경 사회였다. 고조선은 여러 부족이 연맹하여 형성된 국가로, 초기에는 부족 사회의 형태를 띠었지만 점차 중앙집권적인 구조로 발전했을 것이다.

㈎ 고조선의 부족국가의 특징들

① 부족 연맹 형태: 초기에는 여러 부족이 모여 하나의 국가를 이루었으며, 각 부족은 독립적인 생활을 유지하면서도 공동체적인 성격을 가졌을 것이다.

② 왕권 강화: 시간이 지나면서 군장(왕)이 등장하고, 위계가 형성되기 시작하였고 법과 제도를 정비하면서 점차 국가의 형태를

갖추었을 것이다.

③ 법률 제정: 8조법과 같은 법률이 존재했으며, 이를 통해 사회 질서를 유지하려 했다.

④ 중국과의 교류: 중국과 교류하면서 정치·경제적으로 발전하였고, 외부의 영향을 받아 국가 체계를 정비했을 것이다.

따라서 고조선은 초기에는 부족국가의 형태를 띠었지만, 점차 국가로 발전한 존재라고 할 수 있다.

(나) 사회의 주요 특징들

① 선민사상: 단군은 하늘신 환인의 아들인 환웅의 혈통을 이어받은 존재로, 고조선의 탄생은 하늘의 뜻으로 여겨졌다.

② 제정일치 사회: 단군왕검은 제사장(단군)과 정치적 지배자(왕검)의 역할을 동시에 수행했다.

③ 신분제 사회: 고조선은 계급 사회였으며, 법률을 통해 신분을 규정했다.

④ 8조법(팔조법금): 고조선의 법률 중 일부가 전해지며, 생명과 재산을 중시하는 내용이 포함되어 있다. '팔조금법'·'금법팔조'라고도 한다. 『삼국지』 위서(魏書) 동이전과 『후한서』 동이전에는 기자가 조선에 와서 8조의 교법(教法)을 만들어 인민을 교화시켰다고 기록되어 있다. 전문은 전하지 않고 3개 조만이 『한서』 지리지에 전한다. 사람을 죽인 자는 사형에 처하며, 남에게 상해를 입힌 자는 곡물로써 배상하며, 남의 물건을 훔친 자는 데려다 노비로 삼고 속죄하고자 하는 자는 1인당 50만 전(錢)을 내야 한다는 법이

다. 이외에 간음을 금지하는 법도 있었을 것이라고 추정된다. - 『출전: 한국민족 문화 대백과 사전』

⑷ 단군 사상

단군 신화는 고조선의 건국 신화(이병도 박사는 단군을 단순한 신화적 존재가 아니라 역사적 실체로 볼 수 있다는 견해를 제시하였으며, 단군이 신화가 아닌 우리 민족의 국조(國祖)라는 주장을 펼쳤다)로 경천사상(敬天思想)과 홍익인간(弘益人間) 사상을 중심으로 한다.

① 경천사상: 하늘을 공경하고 숭배하는 사상으로, 인간의 존재, 우주의 법칙, 그리고 세상을 바라보는 태도와 관점이 담겨있어서 경천의 의미가 애인(愛人)으로 확장되는 사상.
② 홍익인간: 인간을 널리 이롭게 한다는 이념으로, 고조선의 국가 운영 원칙이 되었다.
③ 재세이화(在世理化): 세상에서 이치로 교화를 이루어야 한다는 의미로 세상에 진리를 구현하는 것을 말하는 것이다.
④ 자연과의 조화: 곰과 호랑이의 이야기에서 자연과 인간의 관계를 강조하며, 인내와 덕성을 중요하게 여겼습니다.
⑤ 신단수(神壇樹): 하늘과 인간을 연결하는 신성한 나무로, 제사의 중심이었다.

※ 고조선에서 단군의 제정일치 사회는 경천애인과 홍익인간 사상을 기반으로 하는 시대였으며, 이는 경천과 애인의 바탕을 이

루는 천인합일(환웅과 곰의 혼인)의 깨달음으로 인해 홍익인간의 정신을 펼치어 재세이화(在世理化)인 진리의 세계를 구현하려는 것이 아니었을까? 아마도 고조선 사회는 인류가 되돌아가야 할 바로 그 세상을 보여주는 것이라 사료된다.

⑷ 공통점: 조화와 균형의 원리

일지(一止)사상은 모든 혼란을 멈추고 본질적인 조화와 균형을 이루는 과정을 의미한다.
단군사상은 홍익인간(弘益人間)을 핵심 이념으로 삼으며, 인간과 사회가 조화를 이루는 것을 강조한다.
두 사상 모두 개인의 내면적 조화뿐만 아니라 사회적 조화와 윤리적 실천을 중요하게 여긴다.

⑸ 차이점: 사상의 기원과 공동체 적용 방식

비교 항목	일지(一止) 사상	단군사상
철학적 성향	내면의 조화와 균형	사회적 조화와 윤리
핵심 개념	혼란을 멈추고 본질적 질서 유지	홍익인간(弘益人間)과 민족적 정체성
적용 방식	개인의 깨달음과 실천	국가와 사회의 윤리적 질서

⑹ 사상적 통합 가능성

일지(一止)사상은 단군 사상의 경천사상과 홍익인간 이념을 제공하는 경계면 사상으로 연결될 수 있으며, 유형계인 공동체에서 개인과 사회의 조화를 이루는 바름(正)의 철학적 체계를 형성할 수 있다.

단군 사상의 홍익인간 이념은 일지(一止)사상이 강조하는 본질적인 조화와 균형을 유형계의 공동체에서 바름(正)을 유지하는 과정과 연결될 수 있다.

따라서 두 사상은 인간과 사회의 조화를 이루는 공통된 철학적 기반을 공유하며, 이를 통해 실천적 사상 체계로 발전할 가능성이 있다.

6. 일지(一止)사상과 경천애인 및 홍익인간

단군의 경천애인(敬天愛人)과 홍익인간(弘益人間)을 일지(一止)사상으로 성찰하면, 조화와 균형을 유지하는 철학적 원리가 더욱 명확해질 수 있다.

㈎ 경천애인과 홍익인간의 본질

경천애인(敬天愛人): 하늘을 공경하고 사람을 사랑하는 사상으로, 자연과 인간의 조화(천인합일의 결과물)를 강조한다.

홍익인간(弘益人間): 널리 인간을 이롭게 한다는 의미로, 개인 윤리를 바탕으로 한 사회적 윤리와 공동체 정신을 강조한다.

여기서 경천(敬天)은 보이지 않는 세계인 무형계에 대한 사람들의 태도임을 보여주고 있다. 이는 주자나 퇴계가 왜 경(敬)을 일상에서 지녀야 할 태도임을 강조한 것인지를 묵시적으로 살펴볼 수 있으며 또한 경(敬)의 중요성이 고조선에서부터 비롯됨을 살필 수 있는 자료이기도 하다. 애인(愛人)과 홍익인간(弘益人間)은 보이는 세계인 유형계에서 사람으로 태어났다면 반드시 실천해야 할 사항으로 보여 준 것이다. 사람으로 태어났다면 그는 자신과 타인을 사랑할 줄 알아야 하며 아울러 널리 사람들에게 자리이타(自利利他)를 실천해야 함을 보여주는 것이다.

(나) **일지(一止)사상과의 연결**

일지(一止)는 바름을 통한 관계의 바람직함을 유지하여 모든 혼란을 멈추고 본질적인 조화와 균형을 이루는 과정을 의미한다.
이는 경천애인의 자연과 인간의 조화, 홍익인간의 사회적 윤리와 공동체 정신과 연결될 수 있다. 즉, 일지(一止)사상은 경천애인과 홍익인간의 철학적 기반을 통합하여, **내면과 외부 세계의 균형을 유지**(바름을 통한 관계의 바람직함을 유지)하는 원리로 작용하는 것이다.

(다) **성찰의 결과**

경천애인과 홍익인간을 일지(一止)사상으로 성찰하면, 인간과 자연, 개인과 사회가 조화를 이루는 철학적 체계를 형성할 수 있다. 이는 개인의 내면적 조화뿐만 아니라 사회적 조화와 윤리적 실천을 강조하는 사상적 기반을 제공할 수 있다.

즉, 일지(一止)사상은 경천애인과 홍익인간의 핵심 개념과 연결될 수 있으며, 이를 통해 조화와 균형을 이루는 철학적 체계를 정립할 수 있게 한다.

7. 일지(一止)사상과 원효의 일심사상(一心思想)

일지(一止)사상과 원효의 일심(一心)사상은 불교 철학에서 중요한 개념으로, 각각의 사상은 마음과 깨달음에 대한 독특한 접근 방식을 가지고 있다.

(가) 원효의 일심 사상

원효(元曉)의 일심사상(一心思想)은 모든 존재와 현상이 궁극적으로 하나의 마음에서 비롯된다는 철학을 기반으로 한다. 그는 "일체유심조(一切唯心造)", 즉 "모든 것은 오직 마음이 만든 것"이라는 개념을 강조하며, 깨달음의 상태로 보고 있다. 깨달은 상태는 분별지가 아닌 전체지로 볼 수 있기에 불교 종파 간의 대립을 극복하고자 전체지의 관점인 화쟁사상(和諍思想)을 주장했다. 이는 서로 다른 교리와 철학적 대립을 바름(正)이라는 전체지의 관점을 일심을 통해 조화롭게 통합하는 것이 중요하다는 원효의 사상을 반영한다.

(나) 일지사상과의 비교

일지사상(一止思想)은 불교에서 깨달음과 수행의 과정에서 중요한 개념으로, 무형계와 유형계의 경계면 사상이다. 경계면 사상은 깨달음이 된다. 깨달음의 모습을 성격상 바름(正)으로 표현하고 바름이 사람에게 있어서 드러나게 하는 것이 마음(心)이라 한다. 이러한 마음(心)이 잘 보존되어 있으면 그것을 맑은 영혼이라 하고, 또한 본성(本性)이 자신에게 내재된 모습으로 존재할 때 선(善)함이 되는 것이며 이 선(善)함이 자연스럽게 드러나는 것을 의(義)라 하는 것이다. 따라서 마음이란 바름(正)의 다른 표현이자 무형계를 포함하는 의미로 원효는 일심(一心)의 상태로 표현한 것이다. 따라서 일심(一心)은 경계면을 이루는 일지(一止)사상이라 할 수 있다. 이러한 일지(一止)사상을 보존하고 유지하는 방법으로 마음의 고요함과 집중을 강조하는 사상이 일심사상(一心思想)이 된다. 그러므로 일지(一止)사상, 이는 수행자가 깨달음을 얻는 과정에서 드러나는 경계면 사상이기에 특정한 인식 상태를 나타내며, 원효의 일심사상과 비교했을 때 일지(一止)사상이 전체지의 관점에서 드러나는 보다 포괄적인 철학적 개념이라 할 수 있다. 원효는 마음의 본질을 강조하며, 모든 존재가 하나의 마음에서 비롯된다고 보았지만, 일지사상은 수행의 실천적 측면에서 바른 깨달음의 상태를 일상에서 보존하고 유지하기 위한 평정심으로서의 마음의 안정과 집중을 중시한다.

즉, 일심사상은 불교의 근본적인 철학적 기반을 제공하는 반면, 일지사상은 경계면 사상으로 수행 과정에서의 일상적이나 특정한 깨달음(줄탁동시)의 상태를 설명하는 개념이라 할 수 있다. 원효의 사상은 불교의 대중화와 실천적 수행을 강조하며, 누구나 깨달음을 얻을 수 있다는 점에서 보다 포괄적인 접근 방식을 취하고 있다고 볼 수 있다. 그러나 두 사상은 실질적으로는 깨달음의 상태에서 드러내는 단계적 강조점이 하나는 마음(心)으로 다른 하나는 경계면의 멈춤(一止)으로 표현한 것이기에 다르다고 볼 수 있을 것이다.

8. 일지(一止)사상과 퇴계·율곡 사상

일지(一止)사상과 퇴계 이황 철학과 율곡 이이 철학을 비교해 본다면, 이들 사상의 관점에서 존재의 본질과 조화로운 질서를 탐구하는 방식에서 차이점과 공통점을 발견할 수 있다.

㈎ 퇴계 이황의 철학과 일지(一止)사상

퇴계 이황은 이기론(理氣論)에서 주자의 이기론인 이기불상잡(理氣不相雜: 이와 기는 논리적으로 분명하게 구분되지만), 이기불상리(理氣不相離: 사물에서는 별개로 분리될 수 없음)를 수용하였다. 퇴계는 이기호발설(理氣互發說: 이와 기는 모두 발할 수 있음)과 이귀기천설(理貴氣賤說: 이는 존귀하고 기는 비천한 것임)의 원리를 따른다. 그리고 이(理)의 순수성과 절대성을 강조하여 주리론(主理論)을 강조하며, 이(理)가 기

(氣)를 통제한다고 보았다. 사단칠정론(四端七情論)에 이르러 이기불상잡(理氣不相雜)의 주장에 주목하여 사단(四端)과 칠정(七情)의 연원이 다르다고 본다. 사단은 이발이기수지(理發而氣隨之)라고 주장하여 이가 발하고 기가 그것을 따르는 것이고, 칠정은 기발이이승지(氣發而理乘之)라 하여 기가 발하여 이가 그것을 타는 것이라 하였다.

퇴계는 도덕적 자아 성찰과 수양을 중히 여기는 경(敬: 天理를 실현하기 위한 수단)을 철학의 중심에 두었으며, 궁리(窮理)의 병행을 강조한다. 내면의 수양을 통해 이발이기수지(理發而氣隨之: 이가 발하고 기가 이를 따른 것)와 기발이이승지(氣發而理乘之: 기가 발하고 이가 타는 것)를 성찰하여 경(敬)의 실천을 강조[주일무적(主一無適: 마음을 한군데 집중하여 잡념이 들지 않게 함), 정제엄숙(整齊嚴肅: 몸가짐을 단정히 하고 엄숙한 태도를 유지함), 상성성(常惺惺: 항상 깨어있는 정신 상태를 유지함)]하여 하늘의 도인 성(誠)으로 나아가려면 사람의 도인 경(敬)에 힘써야 성인(聖人)의 경지에 도달할 수 있다고 주장했다.

일지(一止) 사상은 퇴계가 경(敬)을 실천하여 성(誠)에 나아가게 하여 성(誠)을 주로 하는 사상이기에 경(敬)의 실천을 통해 성(誠)에 이르게 된다는 것은 곧, 일지(一止)에 이르도록 하는 것이다. 그러므로 경(敬)은 일지(一止) 상태에 이르기 위한 도구이자 수단이 되는 것이다. 그러므로 경(敬)을 통하여 성(誠)에 이르는 것은 일지(一止)와 일치하는 곳에 이름을 말하는 것인데 이를 바름(正)이라 표현할 수 있다. 바름(正)에 이르면 바름에 이른 자는 누구나 바름(正)을 통한 관계의 바람직함을 유지하여 혼란을 멈추고 본질적인 조화와 균형을 이루는 과정을 강조하게 된다. 이는 퇴계 이황의 도덕적 수양의 결과와 같은 곳에 도달하는 것이 된다.

(나) 율곡 이이의 철학과 일지(一止)사상

율곡 이이는 주자와 퇴계의 이기론(理氣論)에 대해 비판적인 입장을 취하면서 대안적인 이론을 제시한다. 그는 이통기국론(理通氣局論: 형태가 없는 이는 통하고 형태가 있는 기는 국한됨)과 기발이승일도설(氣發理乘一途說: '기가 발하고 이가 기를 탄다'라는 한가지 길만이 옳음)만을 받아들여 주기론(主氣論)을 강조하였으며, 기(氣)가 이(理)보다 더 중요하다고 주장했다. 율곡(1536)의 이기론은 일원론적 이기론으로 볼 수 있기에 270년이 지난 후 혜강 최한기(1803)의 기론(氣論)에 영향을 주었다고 볼 수 있다. 보다 구체적으로 표현한다면 율곡은 논리적 추론에 따른 접근이 강하고, 최한기는 깨달음의 경지에 이른 것으로 표현될 수 있다. 따라서 율곡 이이와 혜강 최한기의 이기론은 일지(一止)에 따른 사상을 정리해 들어간 이들로 봐야 한다.

율곡은 경(敬)을 통한 성(誠)의 실현은 도덕 수양뿐만 아니라 언행일치(言行一致)를 통한 적극적인 현실 정치 개혁과 교육 제도 개선을 강조하였다. 이는 바름(正)을 통한 실천적 철학을 발전시켰다고 볼 수 있다. 이러한 율곡의 입장은 근대에 들어와 도산 안창호(1878)의 무실역행(務實力行: 참된 것을 힘써 실행하라)과 거짓 없는 세상을 만들고자 개인과 사회가 정직하고 성실한 삶을 살아야 함을 강조했다. 이 또한 일지(一止)사상이 만들고자 하는 현실의 모습을 도산 안창호가 앞서 보여준 것이라 할 수 있다.

결론적으로 일지(一止)사상은 이기론(理氣論)에서 이원론적인 입장보다는 일원론적 입장을 주장한다. 일원론적 입장에서 바라보는 무형계와 유형계의 두 지점은 두 양태의 경계를 매개하는 것으로 경계면 사상이라 할 수 있으며, 이를 일지(一止)사상으로 부르는 것이 된다. 일지(一止)사상으로서 일원론적인 견해는 무형계와 유형계의 양태는 다르게 존재한다. 다르게 존재하는 두 세계에서 유형계는 조화와 균형을 유지하는 원리가 무형계의 양태의 속성인 바름(正)으로 작용하는 것이며, 이러한 바름(正)의 철학은 유형계에서 경(敬)을 바탕으로 성(誠)을 실천하는 율곡 이이의 실천적 철학과 혜강 최한기의 기론과 도산 안창호의 무실역행의 삶으로 연결되는 것이다.

(다) 비교 결과: 이상과 현실의 균형

비교 항목	퇴계 이황	율곡 이이	일지(一止) 사상
철학적 성향	이상주의	현실주의	조화와 균형
중시 요소	리(理) 중심	기(氣) 중심	본질적 조화
사회 참여	제한적	적극적	균형 유지
교육 철학	수양 중심	제도 개혁 병행	내면과 외부의 조화

※ 균형은 중용을 나타내는 의미이기에 퇴계 이황과 율곡 이이 그리고 일지(一止)사상에 부합되는 공통적인 용어가 된다.

퇴계 이황의 철학은 경(敬)을 중시하는 내면의 수양과 도덕적 이상을 강조하였다. 이는 일지(一止)사상의 본질적 조화와 연결될 수 있으며, 율곡 이이의 철학은 성(誠)을 주(主)로 하여 현실적 문제 해결과 실천을 강조하였다. 이는 일지(一止)사상의 균형 유지 원리와 연결될 수 있다. 따라서 일지(一止)사상은 퇴계 이황과 율곡 이이의 철학을 통합하는 개념으로 작용할 수 있으며, 이상과 현실의 균형을 이루는 철학적 체계를 형성한다고 말할 수 있다.

9. 일지(一止)사상과 한국 전통 사상

일지(一止)사상과 한국 전통 사상을 비교하면, 조화와 균형의 원리를 유지하는 방식에서 공통점과 조화의 방식과 실천적인 면에서 차이점을 발견할 수 있다.

㈎ 공통점: 조화와 균형의 원리

일지(一止)사상은 바름을 통한 관계의 바람직함을 유지하여 모든 혼란을 멈추고 본질적인 조화와 균형을 이루는 과정을 의미한다.

한국 전통 사상에서도 유교, 불교, 도교, 풍수지리설 등 다양한 철학적 접근을 통해 조화와 균형을 강조하고 있다.

특히 유교의 예(禮)와 불교의 중도(中道), 도교의 무위(無爲) 사상은 일지(一止)사상과 연결된다. 아울러 최치원의 풍류 사상을 살펴보면 다음과 같이 정리될 수 있다.

(나) 최치원의 풍류 사상과 일지(一止)사상

최치원의 풍류 사상은 「난랑비서(鸞郞碑序)[1]: 화랑 난랑을 위해 작성된 비문의 서문」에서 언급되며, 신라의 사상적 전통을 반영한다. 일부 내용만 『삼국사기』의 신라본기 진흥왕 37년(576년) 기사에 인용되어 있다. 그는 유교·불교·도교(삼교)의 융합을 강조하며, "우리나라에는 현묘한 도가 있으니 이를 풍류라 한다"라고 작성하였다. 이는 신라의 사상이 유교·불교·도교(삼교)의 융합을 바탕으로 하고 있음을 설명한 것이다. 그러므로 풍류가 단순한 예술적 감성이 아니라 사회 개혁과 도덕적 수양을 포함하는 철학적 개념임을 설명한다. 이 풍류 사상은 자연과 인간의 조화, 도덕적 삶, 그리고 공동체 발전을 강조하며, 신라의 화랑도 정신과도 연결되었다고 보고 있으며 삼교합일론이나 삼교원융론의 논거로 인용되기도 한다.

일지사상은 고대에서부터 현대에 이르러 모든 철학에서 등장한 개념으로 저자는 보고 있다. 이 사상은 깨달음의 주체성과 깨달음을 현실에 실행하는 실천적 사고를 강조한다. 풍류 사상이 삼교의 융합을 통해 조화와 균형을 추구했다면, 일지사상은 보다 무실역행으로써 강조되는 실천적이고 주체적인 철학으로 발전해야 한다. 특히 개인의 자각과 사회적 실천을 강조하며, 일지사상은 융합적인 철학으로서 동·서양 철학뿐만 아니라 한국 철학의 흐름과 함께 융합적인 철학 사상으로 자리를 잡는 데 기여할 사상으로 보

---

[1] 통일신라 시대의 학자 최치원(崔致遠, 857~908)이 지은 글

고 있다. 그런 의미에서 풍류 사상이 조화와 융합을 강조하며 신라 시대의 사상적 기반을 형성했다면, 일지사상은 개인의 자각과 주체적 실천 그리고 공동체 일원으로서 조화와 융합을 통한 사회적 실천을 강조한 현대판 풍류 사상인 것이다.

(다) 차이점: 조화의 방식과 실천

비교 항목	일지(一止) 사상	한국 전통사상
철학적 성향	내면의 조화와 균형	사회적 윤리와 자연 조화
핵심 개념	혼란을 멈추고 본질적 질서 유지	유교(예), 불교(중도), 도교(무위)
적용 방식	개인의 깨달음과 실천	공동체 윤리와 자연 친화적 삶

(라) 사상적 통합 가능성

일지(一止)사상은 융합적 사상인 풍류사상과 같은 한국 전통 사상의 핵심 개념과 연결될 수 있으며, 개인과 사회의 조화를 이루는 철학적 체계를 형성할 수 있다. 특히 풍수지리설과 도교의 자연 친화적 사상은 일지(一止)사상의 본질적인 조화와 균형을 유지하는 과정과 연결될 수 있다. 따라서 두 사상은 인간과 사회, 자연의 조화를 이루는 공통된 철학적 기반을 공유하며, 이를 통해 실천적 사상 체계로 발전하여 공동체 사회를 바름을 바탕으로 바람직한 관계를 맺도록 하는데 적극적인 원리를 제공할 가능성이 있는 것이다.

10. 일지(一止)사상과 정도·중용·중도·권도

일지(一止)사상과 정도(正道), 중용(中庸), 중도(中道), 권도(權道)를 비교하면, 각각의 개념이 조화와 균형을 유지하는 방식에서 공통점과 차이점을 발견할 수 있다.

⑺ 각 개념의 정의

① 일지(一止): 바름을 통한 관계의 바람직함을 유지하여 모든 혼란을 멈추고 본질적인 조화와 균형을 이루는 과정.
② 정도(正道): 올바른 길을 의미하며, 바름과 도덕적 원칙과 윤리를 강조.
③ 중용(中庸): 지나치지도 않고 모자라지도 않은 적절한 상태를 유지하는 원리.
④ 중도(中道): 극단을 피하고 균형을 유지하는 불교적 개념.
⑤ 권도(權道): 상황에 따라 유연하게 대처하는 중용을 따르는 실용적 원리.

(나) 비교 분석

개념	핵심 원리	적용 방식	철학적 배경
일지	본질적 조화와 균형	내면의 성찰과 실천	불교, 동양 철학, 서양 철학
정도	도덕적 원칙과 윤리	원칙을 지키는 삶	유교, 도덕 철학
중용	적절한 균형 유지	지나치지 않음	유교, 아리스토텔레스
중도	극단을 피하는 균형	모순을 초월하는 길	불교
권도	상황에 따른 유연성	실용적 판단	실용주의, 정치 철학

일지(一止)사상은 정도, 중용, 중도, 권도의 개념과 연결될 수 있으며, 조화와 균형을 유지하는 철학적 체계를 형성할 수 있다.

정도는 원칙을 강조하고, 중용은 적절한 상태를 유지하며, 중도는 극단을 피하고 균형을 유지하며, 권도는 상황에 따른 적절한 실용적 판단을 중시한다.

일지(一止)사상은 이 모든 개념을 통합하여 내면과 외부 세계의 균형을 유지하는 원리로 작용할 수 있다.

11. 일지(一止)사상과 주역 사상

일지(一止)사상과 주역(周易)사상은 동양 철학에서 중요한 개념으로, 각각 바름(正)이 바탕이 된 내재적인 선(善)함을 보존하는 마음의 안정과 의리(義理)를 바탕으로 한 변화의 원리를 설명하는 데 초점을 맞추고 있다.

㈎ 일지사상(一止思想)과 주역사상(周易思想)

■ 일지사상(一止思想)

일지사상은 바름을 통한 관계의 바람직함을 유지하는 것으로, 맑은 영혼과 선(善)함을 보존하고 유지하는 일상에서도 마음의 고요함과 집중을 강조하는 개념으로, 수행자가 깨달음을 얻기 위해 마음을 일지(一止) 상태에 이르게 하여 안정시키는 깨달음의 과정과 관련이 있다. 이러한 과정을 통해 일지(一止) 상태에 이르면 바름으로 인해 번뇌가 제거되고 내면의 평화를 찾게 된다. 그리고 이 과정을 실천하는 일상적인 도구가 평상시의 평정심과 명상과 수행이 되기도 한다.

■ 주역사상(周易思想)

주역은 변화의 원리를 설명하는 철학으로, 음양(陰陽)의 조화와 순환을 통해 우주의 질서를 이해하는 데 초점을 맞춘다. 주역에서는 태극(太極)에서 음양이 분화하고, 사상(四象)과 팔괘(八卦)로 발전하여 만물의 변화를 설명한다. 이는 불교의 윤회(輪回) 개념과도 유사한 측면이 있다. 유사한 측면으로는 순환적 세계관, 변화와 인과 원리, 조화와 균형의 중요성으로 살펴볼 수 있다.

○ 일지사상은 바름을 통한 마음의 고요함과 집중을 강조하며, 수행을 통해 깨달음을 얻는 과정에 초점을 맞춘다.

○ 주역사상은 변화와 순환의 원리를 설명하며, 자연과 인간의 관계를 음양의 조화 속에서 이해하려 한다.

○ 불교의 아뢰야식(阿賴耶識) 개념과 주역의 변화론은 철학적으로 융합될 수 있는 요소가 많으며, 특히 음양의 이원성과 변화 과정이 유사한 구조를 가진다. 유사 구조를 살펴보면 다음과 같은 공통점을 볼 수 있다.

① 끊임없는 변화의 원리
- 주역에서는 모든 것이 고정되지 않고 계속 변화하며, 음양의 조화 속에서 세상의 흐름이 형성된다고 본다.
- 아뢰야식도 끊임없이 변하는 의식의 저장고 역할을 하며, 과거의 업이 현재와 미래의 변화에 영향을 미친다.

② 인과(因果)의 작용
- 주역의 변화는 단순한 우연이 아니라 일정한 원리(괘의 변동)를 따르며, 이전 상태가 다음 상태를 결정하는 논리를 포함한다.
- 아뢰야식 역시 업(業)에 의해 형성된 인과의 흐름을 유지하며, 모든 경험과 행위가 의식 깊은 곳에 저장되어 미래의 결과를 만들어 낸다.

③ 잠재성(潛在性)과 표현(表現)의 관계
- 주역에서는 변화가 눈에 보이지 않는 상태에서 서서히 나타나며, 일정한 조건이 갖춰질 때 가시화된다.
- 아뢰야식도 모든 경험과 업이 잠재적으로 저장되어 있으며,

적절한 조건이 형성되면 특정한 형태로 발현된다.

④ 조화와 균형
- 주역은 변화 속에서도 균형과 조화를 중시하며, 극단을 피하는 것이 중요하다고 설명한다.
- 불교에서 아뢰야식의 개념 또한 올바른 수행을 통해 조화를 이루고, 번뇌의 원인을 해결하여 해탈할 수 있다고 가르친다.

즉, 일지사상은 바름을 바탕으로 일상에서 내면의 안정과 깨달음을 위한 수행을 통해 도달한 곳이라면, 주역사상은 우주의 변화와 조화를 설명하는 철학적 체계라고 할 수 있다. 두 사상은 서로 다른 접근 방식을 취하지만, 궁극적으로 인간과 세계를 이해하는 데 중요한 역할을 한다. 불교의 아뢰야식 또한 주역사상과 같은 공통의 입장으로 살펴볼 수 있다.

(나) 일지(一止)사상과 주역(周易)의 세 가지 특성[불역, 변역, 간역(이간)]

일지(一止)사상과 주역(周易)의 세 가지 특성(불역, 변역, 간역(이간))은 동양 철학에서 중요한 개념으로, 각각 마음의 안정과 변화의 원리를 설명하는 데 초점을 맞추고 있다.

① 주역의 세 가지 특성

■ 불역(不易) - 변하지 않는 원리
주역에서는 변화 속에서도 변하지 않는 본질적인 원리가 존재한다고 설명한다. 이는 자연의 질서와 우주의 법칙이 일정한 구조를 유지한다는 개념과 연결된다.

◐ 변역(變易) - 끊임없는 변화
주역은 만물이 끊임없이 변화하고 순환한다는 원리를 강조한다. 음양(陰陽)의 조화와 순환을 통해 우주의 질서를 이해하며, 변화의 필연성을 설명한다.

■ 간역(簡易) - 단순하고 명료한 원리
주역에서는 복잡한 변화 속에서도 일정한 법칙이 존재하며, 이를 통해 인간이 자연의 원리를 쉽게 이해하고 따를 수 있도록 한다. 이는 실용성과 직관성을 강조하는 철학적 기반을 제공한다.

② 일지사상과 주역사상의 비교

일지사상은 바름을 바탕으로 마음의 고요함과 집중을 강조하며, 수행을 통해 깨달음을 얻는 과정에 초점을 맞춘다.

■ 불역사상은 변화 속에서도 변하지 않는 본질적인 원리를 설명하며, 자연과 인간의 관계를 음양의 조화 속에서 이해하려 한다.

◑ 변역사상은 변화와 순환의 원리를 설명하며, 자연과 인간의 관계를 음양의 조화 속에서 이해하려 한다.

■ 간역(이간)사상은 자연의 변화가 쉽고 간단하다는 원리를 설명하며, 인간이 이를 따를 수 있도록 한다. 이는 실용성과 직관성을 강조하는 철학적 기반을 제공한다.

일지사상과 주역은 서로 다른 접근 방식을 취하지만, 궁극적으로 인간과 세계를 바람직하게 이해하는 데 중요한 역할을 한다.

○ 일지사상과 비교해 주역이 지닌 세 가지 특성은 불역, 변역, 간역(이간)으로 나타내지만, 이에 따른 구체적인 내용으로 각각을 비교해 보면 다음과 같이 설명될 수 있다.

③ 일지(一止)사상과 주역(周易)의 불역(不易)사상 비교

일지(一止)사상과 주역(周易)의 불역(不易)사상은 동양 철학에서 중요한 개념으로, 각각 마음의 안정과 변화의 원리를 설명하는 데 초점을 맞추고 있다.

- 일지사상(一止思想)은 무형계와 유형계의 경계면 사상이라 했다. 유형계의 일원인 사람으로서는 일지에 달하는 과정을 불교에서 마음의 고요함과 집중을 강조하는 개념으로, 수행자가 깨달음을 얻기 위해 마음을 안정시키는 과정과 관련이 있는 것으로 볼

수 있다. 이는 유형계에서 번뇌를 제거하고 내면의 평화를 찾아 일지 상태를 유지하는 데 중요한 역할을 하며, 평정심을 유지하기 위한 다양한 방법뿐만 아니라 명상과 수행을 통해 실현되게 하는 것도 한 방법이 된다.

- 주역의 불역사상(不易思想)은 불역(不易)은 변하지 않는 원리를 의미한다. 주역은 변화의 원리를 설명하는 철학으로, 음양(陰陽)의 조화와 순환을 통해 우주의 질서를 이해하는 데 초점을 맞춘다. 하지만 변화 속에서도 변하지 않는 본질적인 원리(義理)가 존재하며, 이를 불역(不易)이라 한다. 즉, 만물은 끊임없이 변화하지만 그 변화의 법칙 자체는 변하지 않는다는 개념이다. 두 사상은 서로 다른 접근 방식을 취하지만, 궁극적으로 인간과 세계를 이해하는 데 중요한 역할을 한다.

④ 일지(一止)사상과 주역(周易)의 변역(變易)사상 비교

일지(一止)사상과 주역(周易)의 변역(變易)사상은 동양 철학에서 중요한 개념으로, 각각 마음의 안정과 변화의 원리를 설명하는 데 초점을 맞추고 있다.

- 일지사상(一止思想)은 일지 상태인 생각의 끝에 도달하기 위해 불교에서 마음의 고요함과 집중을 강조하는 개념으로, 수행자가 깨달음을 얻기 위해 마음을 안정시키는 과정과 관련이 있다. 이는 번뇌를 제거하고 내면의 평화가 이뤄지도록 하는 데 중요한 역할을 하며, 평정심을 유지하기 위한 다양한 방법뿐만 아니라 명상과

수행을 통해 실현되기도 한다.

- 주역의 변역사상(變易思想)에서 변역(變易)은 끊임없는 변화의 원리를 의미한다. 주역은 음양(陰陽)의 조화와 순환을 통해 우주의 질서를 이해하는 데 초점을 맞추며, 만물은 끊임없이 변화하고 발전한다는 개념을 강조한다. 변역사상은 이러한 변화의 법칙을 탐구하며, 인간과 자연의 관계를 설명하는 중요한 철학적 원리로 작용한다.

- 일지사상은 마음의 고요함과 집중이 된 순일무잡한 전일함을 강조하며, 수행을 통해 깨달음을 얻는 과정에 초점을 맞춘다.

- 변역사상은 변화와 순환의 원리를 설명하며, 자연과 인간의 관계를 음양의 조화 속에서 이해하려 한다.

⑤ 일지(一止)사상과 주역(周易)의 이간(易簡)사상 비교

일지(一止)사상과 주역(周易)의 이간(易簡)사상은 동양 철학에서 중요한 개념으로, 각각 순일무잡한 전일함이 유지되는 마음의 안정과 변화의 원리를 설명하는 데 초점을 맞추고 있다.

- 일지사상(一止思想)은 일지 상태인 생각의 끝에 도달하기 위해 불교에서 마음의 고요함과 집중을 강조하는 개념으로, 수행자가 깨달음을 얻기 위해 마음을 안정시키는 과정과 관련이 있다. 이는 번뇌를 제거하고 내면의 평화를 찾는 데 중요한 역할을 하며, 평정심을 유지하기 위한 다양한 방법뿐만 아니라 일상 속에서도 명상과 수행을 통해 실현한다.

- 주역의 이간사상(易簡思想)에서 이간(易簡)은 자연의 이치가 쉽고 간단하다는 원리를 의미한다. 주역에서는 "건이(乾易), 곤이(坤易)", 즉 하늘은 쉽고 땅은 간략하다는 개념을 강조하며, 자연의 변화가 복잡하지 않고 일정한 법칙을 따른다는 점을 설명한다. 이는 인간이 자연의 원리를 쉽게 이해하고 따를 수 있도록 하는 철학적 기반을 제공한다.
- 일지사상은 일지 상태인 생각의 끝에 도달하기 위해 마음의 고요함과 집중을 강조하며, 바른 수행을 통해 깨달음을 얻는 과정에 초점을 맞춘다.
- 이간사상은 자연의 변화가 쉽고 간단하다는 원리를 설명하며, 인간이 이를 따를 수 있도록 하는 바름의 철학적 체계를 제공한다.
- 불교의 무상(無常) 개념과 주역의 이간사상은 철학적으로 융합될 수 있는 요소가 많으며, 특히 변화의 필연성과 과정이 유사한 구조를 가지고 있다.

즉, 일지사상은 일지 상태인 생각의 끝에 도달하기 위해 내면의 안정과 깨달음을 위한 수행적 개념이라면, 이간사상은 자연의 변화 속에서 변하지 않는 본질을 설명하는 바름의 철학적 체계라고 할 수 있다. 두 사상은 서로 다른 접근 방식을 취하지만, 궁극적으로 인간과 세계를 이해하는 데 중요한 역할을 한다.

⑥ 일지(一止)사상과 주역 사상의 공통점과 차이점

일지(一止)사상과 주역(周易) 사상을 비교하면, 두 사상이 조화와 균형을 유지하는 방식에서 공통점과 차이점을 발견할 수 있다.
- 공통점: 변화와 조화의 원리

일지(一止)사상은 일지 상태인 생각의 끝에 도달하여 모든 혼란을 멈추고 본질적인 조화와 균형을 이루는 과정을 의미한다.

주역(周易) 사상은 음양(陰陽)의 변화와 순환을 통해 우주의 질서를 설명하는 철학적 원리를 포함한다. 두 사상 모두 변화 속에서 조화를 이루는 원리를 강조하며, 존재의 본질을 탐구하는 과정을 포함한다.

⑷ 주역 64괘와 일지(一止)사상의 연결

비교 항목	일지(一止)사상	주역(周易)사상
철학적 성향	내면의 조화와 균형	변화와 순환의 원리
핵심 개념	혼란을 멈추고 본질적 질서 유지	음양과 괘의 변화
적용 방식	개인의 깨달음과 실천	우주의 변화와 길흉화복

주역의 64괘는 팔괘(八卦)의 조합을 통해 다양한 삶의 변화를 설명하는 체계이다.

일지(一止)사상은 주역의 변화 원리와 연결될 수 있으며, 개인과 우주의 조화를 이루는 바람직한 철학적 체계를 형성할 수 있다.

특히 주역의 태극(太極)과 음양(陰陽)의 변화는 일지(一止)사상이 강조하는 본질적인 조화와 균형을 유지하는 과정과 연결될 수 있다.

- 사상적 통합 가능성

일지(一止)사상은 주역(周易) 사상의 변화 원리와 연결될 수 있으며, 개인과 우주의 조화를 이루는 바람직한 철학적 체계를 형성할 수 있다. 특히 주역의 태극(太極)과 음양(陰陽)의 변화는 일지(一止)사상이 강조하는 본질적인 조화와 균형을 유지하는 과정과 연결될 수 있다. 따라서 두 사상은 인간과 우주의 조화를 이루는 공통된 철학적 기반을 공유하며, 이를 통해 실천적 사상 체계로 발전할 가능성이 있다.

12. 일지(一止)사상과 종교적 관계

일지(一止)사상은 일지 상태인 생각의 끝에 도달하기 위해 불교에서 바름을 바탕으로 마음의 고요함과 집중을 강조하는 개념으로, 수행자가 깨달음을 얻기 위해 마음을 안정시키는 과정과 관련이 있다. 이를 종교적 관점에서 분석하면 다음과 같은 관계를 찾을 수 있다.

(가) 불교와 일지사상

일지(一止)는 바름을 지키려는 명상과 수행을 통해 번뇌를 제거하고 내면의 평화를 찾는 과정과 깊이 연결된다. 특히 선불교(禪佛敎)에서는 마음을 고요하게 하고 집중하는 것이 깨달음의 중요한 요소로 여겨진다. 이는 삼매(三昧)와도 관련이 있으며, 수행자가 깊은 명상 상태에 들어가면 마음이 흔들리지 않는 경지에 도달하게 된다.

⑷ 유교와 일지사상

유교에서는 마음의 안정과 수양을 강조하는데, 이는 경(敬) 사상과 연결될 수 있다. 유교의 경(敬)은 마음을 바르게 하고 집중하는 태도를 의미하며, 경(敬)을 바탕으로 성(誠)을 이루게 한다. 이는 일지사상의 바름에 이른 상태로서 표현되는 유사한 면이 있다. 특히 성리학(性理學)에서는 마음을 다스리고 본성을 깨닫는 것(일지상태에 이르는 것)이 중요한 목표로 여겨진다.

⑸ 도교와 일지사상

도교에서는 자연과 조화를 이루는 것이 중요한데, 이는 무위(無爲) 사상과 연결될 수 있다. 도교의 수행법 중에는 명상과 기공(氣功)을 통해 마음을 안정시키고 자연의 흐름에 따르는 것이 강조된다. 이는 일지사상이 무위(無爲) 상태인 자연스러움이 바름과 동일시 하는 의미가 되기 때문에 유사한 점이 된다. 도교에서도 일지사상과 마찬가지로 마음의 고요함을 통해 깨달음을 얻는 과정이 존재한다.

⑷ 기독교와 일지사상

　기독교에서는 기도와 묵상을 통해 내면의 평화를 찾고 신과의 교감을 이루려 한다. 이는 불교의 명상과 유사한 면이 있으며, 특히 수도원 전통에서는 깊은 묵상을 통해 신과 가까워지는 것이 강조된다. 기독교에서도 마음의 안정과 집중이 중요한 요소로 작용하며, 이는 일지사상과 연결될 수 있다.

⑸ 이슬람교 사상과 일지(一止)사상

　각각 신앙과 수행의 방식에서 차이를 보이지만, 내면의 안정과 깨달음을 추구한다는 점에서 공통점을 찾을 수 있다.

　- 이슬람교 사상은 유일신 알라(Allah)에 대한 절대적 믿음을 기반으로 하며, 신의 뜻에 완전히 복종하는 것을 강조한다. 이슬람교의 핵심 교리는 샤하다(신앙 고백), 살라트(예배), 자카트(자선), 사움(금식), 핫즈(순례)로 이루어진 오주(五柱)를 실천하는 것이다. 또한, 이슬람교에서는 신과 인간의 관계뿐만 아니라 인간 사이의 관계를 정립하는 윤리적 삶을 강조한다.

　- 일지사상(一止思想)
　일지사상은 바름을 바탕으로 마음의 고요함과 집중을 강조하는 개념으로, 수행자가 깨달음을 얻기 위해 마음을 안정시키는 과정과 관련이 있다. 이는 번뇌를 제거하고 내면의 평화를 찾는 데 중요한 역할을 하며, 이는 신과 인간 그리고 인간과의 관계에서 바름을 이루고자 하는 것이 명상과 수행을 통해 실현된다.

- 공통점: 두 사상 모두 내면의 안정과 깨달음을 추구하며, 신앙과 수행을 통해 인간의 삶을 정화하는 것을 목표로 한다.

- 차이점: 이슬람교는 유일신 신앙을 중심으로 하며, 신의 뜻에 대한 절대적 복종을 강조한다.

- 일지사상은 바름을 바탕으로 바람직한 관계를 지키려는 수행법 중 하나로, 명상과 집중을 통해 깨달음을 얻고 지키는 과정을 강조한다.

- 이슬람교는 사회적 윤리와 공동체적 실천을 중요하게 여기지만, 일지사상은 일지 상태인 생각의 끝에 도달하기 위해 개인의 수행과 깨달음을 통한 내면의 평화에 초점을 맞추고 공동체에 바람직한 관계를 실현하고자 하는 것이다. 즉, 이슬람교는 신과의 관계를 중심으로 한 종교적 실천을 강조하는 반면, 일지사상은 일지 상태인 생각의 끝에 도달하기 위해 수행을 통한 내면의 안정과 깨달음을 보존하고 유지하는 관계적 삶을 중시한다.

13. 일지(一止)사상과 유교의 천명사상과 기독교 발출론

일지(一止)사상, 유교의 천명사상, 그리고 기독교 발출론(유출설)은 무형계(天, 절대자, 神, 道, 자연 등) 양태와 유형계의 각 존재의 본질과 조화로운 질서를 탐구하는 철학적 개념이지만, 이들은 무형계와 유형계에서 서로 다른 양태의 존재가 된다. 이들은 서로 다른 양태의 존재이지만 공통적인 속성인 바름(正)을 통한 관계의 바람직함으로 연결될 수 있는 공통된 원리를 가지고 있다.

㈎ 일지(一止)사상과 천명사상

일지(一止)는 바름을 통한 관계의 바람직함을 유지하도록 하여 모든 혼란을 멈추고 본질적인 조화와 균형을 이루는 과정을 의미하며, 천명사상(天命思想)은 하늘(天)이 인간과 만물에 부여한 본질적인 바름의 질서와 운명을 뜻하며, 이는 바름에 따른 우주의 조화와 균형을 유지하는 원리로 작용한다.

따라서 일지(一止)사상은 무형계와 유형계의 경계 사상이기에 무형계에 따른 천명사상의 핵심 개념과 연결될 수 있으며, 유형계에서는 인간이 본래의 질서라 할 수 있는 바름을 따를 때 조화로운 상태를 유지할 수 있다는 점에서 공통된 철학적 기반을 공유하게 된다.

㈏ 일지(一止)사상과 기독교 발출론(유출설)

기독교 발출론(유출설)은 모든 존재가 신(神)으로부터 비롯되었으며, 창조의 원리가 신의 본질에서 흘러나온다는 개념을 포함한다. 여기서 흘러나온다는 것은 무형계와 유형계의 경계면인 일지(一止)를 넘어서 유출된 것을 의미한다. 발출론(유출설)에 따른 일지(一止)는 두 경계를 갖는 경계면 사상으로 바름을 강조하는 "본질적인 조화와 균형"의 개념과 연결될 수 있으며, 신의 질서가 혼란 없이 바름으로 유지될 때 조화로운 세계가 형성된다는 점에서 유사한 철학적 구조를 가진 것으로 볼 수 있다. 그러므로 발출론(유출설)에서 말하는 신적 질서의 흐름은 일지(一止)사상이 강조하는 본질적인 조화와 균형을 유지하는 과정과도 연결될 수 있는 것이다.

㈐ 사상적 통합 가능성

일지(一止)사상은 유교의 천명사상과 기독교 발출론(유출설)과 연결될 수 있으며, 이를 통해 존재의 본질과 조화로운 질서를 설명하는 철학적 체계를 형성할 수 있다. 이는 불교 철학, 동양 사상, 그리고 기독교 신학과 서양 사상을 연결하여 더욱 깊이 탐구될 수 있는 개념이 된다. 그러한 의미에서 일지(一止)사상은 천명사상과 발출론(유출설)의 핵심 개념과 연결될 수 있는 매개체가 될 수 있으며, 이를 통해 부조화와 불균형을 만들어 내는 유형계에서 바름을 통해 조화와 균형을 이루는 철학적 체계를 정립할 수 있게 된다.

14. 일지(一止)사상과 토마스 아퀴나스와 칸트 그리고 플로티누스

일지(一止)사상과 토마스 아퀴나스, 칸트, 플로티누스의 사상을 비교하면, 각각의 철학이 조화와 균형을 유지하는 방식에서 공통점과 차이점을 발견할 수 있다.

(가) 공통점: 존재의 본질과 조화

일지(一止)사상은 모든 혼란을 멈추고 본질적인 조화와 균형을 이루는 과정을 의미한다.

토마스 아퀴나스는 신앙과 이성의 조화를 강조하며, 존재의 본질을 탐구하는 철학적 기반을 제공한다. 칸트는 이성과 도덕법칙을 통해 인간의 본성과 윤리적 조화를 탐구하는 철학을 발전시켰다. 플로티누스는 일자(一者, The One) 개념을 통해 존재의 근원과 조화를 설명하며, 신비주의적 철학을 강조했다.

일지(一止)사상과 토마스 아퀴나스, 칸트, 플로티누스는 서로 다른 시대와 문화권에서 등장했지만, 이들의 철학적 관점은 속뜻은 같으나 서로 다른 언어와 문장으로 표현된 공통점을 공유한다. 이에 대한 공통점을 구체적으로 살펴보면 다음과 같이 정리할 수 있다.

공통된 철학적 주제

① 극적 실재에 대한 탐구
○ 일지사상: 모든 존재는 하나의 근원으로부터 비롯되며, 그 근원은 '일지(一止)'라는 속성을 지닌 절대적이고 궁극적인 존재로 표

현됨.

   ○ 토마스 아퀴나스: 하나님은 존재의 궁극적 원천이며, 모든 피조물은 신으로부터 유래함.

   ○ 칸트: 비록 신 존재를 이성으로 증명하려 하지 않았지만, 도덕법칙의 근거로 '신'을 설정함으로써 초월적 존재를 인정함.

   ○ 플로티누스: '일자(The One)'라는 개념을 통해 모든 존재의 근원을 설명. 일자는 초월적이며 설명 불가능한 존재.

   ② 이성과 초월의 조화

   ○ 일지사상: 인간의 인식과 언어를 초월하는 체득적인 절대적 존재를 강조하며, 이성과 직관의 융합적인 통합을 추구.

   ○ 아퀴나스: 이성과 신앙은 서로 충돌하지 않으며, 진리를 향한 두 날개로 작용함.

   ○ 칸트: 인간 이성의 한계를 인정하면서도, 실천 이성(도덕)을 통해 초월적 존재를 추론함.

   ○ 플로티누스: 이성적 탐구를 통해 일자에 접근하려 하지만, 궁극적으로는 직관과 영적 상승을 강조.

   ③ 도덕과 존재의 연결

   ○ 일지사상: 도덕적 실천은 궁극적 존재와의 합일을 위한 길로 간주함.

   ○ 아퀴나스: 자연법을 통해 인간은 도덕적 삶을 살아야 하며, 이는 신의 뜻과 연결됨.

   ○ 칸트: 도덕 법칙은 인간 이성에 내재하며, 이는 자유와 책임

의 근거가 됨.

○ 플로티누스: 영혼의 정화와 도덕적 삶을 통해 일자에 가까워질 수 있다고 봄.

이 네 사상은 모두 초월적 존재에 대한 인식, 이성과 직관의 조화, 그리고 도덕적 삶의 중요성을 강조한다. 문화적 배경은 다르지만, 인간 존재의 근원과 삶의 방향성에 대한 깊은 통찰을 공유하고 있다는 점에서 서로 연결고리를 지닌다.

(나) 차이점: 존재와 조화의 방식

비교 항목	일지(一止) 사상	토마스 아퀴나스	칸트	플로티누스
철학적 성향	내면의 조화와 균형	신앙과 이성의 조화	이성과 도덕 법칙	신비주의적 존재론
핵심 개념	혼란을 멈추고 본질적 질서 유지	신 존재 증명과 신학적 질서	선험적 윤리와 자유	일자(一者)와 존재의 흐름
인간 본성	본질적 조화	신의 섭리에 따른 질서	도덕적 자율성	존재의 근원적 흐름

(다) 사상적 통합 가능성

일지(一止)사상은 토마스 아퀴나스의 신앙과 이성의 조화와 연결될 수 있으며, 인간의 도덕적 질서를 이루는 철학적 체계를 형성할 수 있다. 칸트의 도덕법칙과 연결될 수 있으며, 인간의 본성이 조화를 이루는 과정과 관련될 수 있다. 플로티누스의 일자(一者) 개념과도 연결될 수 있으며, 존재의 본질을 탐구하는 과정과 관련될 수 있다.

즉, 일지(一止)사상은 토마스 아퀴나스, 칸트, 플로티누스의 핵심 개념과 연결될 수 있으며, 이를 통해 조화와 균형을 이루는 철학적 체계를 정립할 수 있다.

15. 일지(一止)사상과 마음의 관계

일지(一止)사상과 마음(心)의 관계를 살펴보면, 이는 내면의 조화와 균형을 이루는 과정과 깊이 연결될 수 있다. 또한 평정심과도 밀접한 관련이 있으며, 이를 통해 안정된 삶과 깨달음의 상태를 설명할 수 있다.

㈎ 일지(一止)사상과 마음(心)의 관계

일지(一止)는 바름을 바탕으로 모든 혼란을 멈추고 본질적인 조화와 균형을 이루는 과정을 의미한다. 마음(心)은 인간의 내면을 구성하는 핵심 요소이며, 이는 감정, 사고, 의식의 중심으로 작용한다. 따라서 일지(一止)사상은 마음(心)의 본질적인 안정과 조화를 이루는 원리로 작용할 수 있으며, 이는 불교의 깨달음을 위한 수행 과정과도 연결될 수 있다.

(나) 일지(一止)사상과 평정심

평정심(平靜心)은 외부의 자극이나 감정적 동요에도 흔들리지 않는 안정된 마음 상태를 의미한다. 이는 일지(一止)사상이 강조하는 본질적인 조화와 균형을 유지하는 과정과 연결될 수 있다. 평정심을 유지하는 것은 불교 수행에서 중요한 요소이며, 명상과 내면의 성찰을 통해 이를 실현할 수도 있다. 기원전 3세기인 헬레니즘 시대의 에피쿠로스는 '몸의 고통과 마음의 불안이 모두 소멸한 상태가 지속됨으로써 주어지는 정신적 쾌락을 추구하였다. 그러한 상태가 평정심, 즉 아타락시아(ataraxia)이다'로 표현하고 있으며, 스토아학파는 부동심, 즉 아파테이아(apatheia)로 '어떤 상황에서도 동요하지 않는 정신 상태, 즉 정념으로부터 해방된 상태를 의미한다'고 표현하였다. 맹자의 부동심은 어떠한 외부 요인에도 흔들리지 않는 확고한 마음 즉, 도덕적 확신과 신념이 확고한 상태로, 마치 큰 바위가 바람에 흔들리지 않는 것과 같은 것으로 보고 있고, 공자는 사십에 미혹됨이 없다(불혹: 不惑) 하여 사물의 이치를 깨달아 혼란이나 의심에 빠지지 않는 상태로 올바른 판단력과 확고한 신념을 지닌 것으로 보고 있다. 이처럼 일지사상은 깨달음으로 인해 일지 상태가 되면 바름을 유지하여 혼란이나 의심이 없어 평정심을 이루게 되고 생활 속에서 부동심을 지닐 수 있는 모습으로 드러나는 것이 된다.

㈐ 사상적 통합 가능성

일지(一止)사상은 깨달음을 통해 드러나는 바름의 모습으로 마음(心)의 본질적인 안정과 조화를 이루는 원리로 작용할 수 있으며, 이를 통해 평정심을 유지하는 철학적 체계를 형성할 수 있다. 이는 불교 철학, 동양 사상, 서양 사상 그리고 현대 심리학과 연결하여 더욱 깊이 탐구될 수 있는 개념이 된다. 즉, 일지(一止)사상은 일지 상태가 마음(心)의 본질을 설명하는 동시에 평정심을 유지하는 원리로 작용할 수 있으며, 이를 통해 조화와 균형을 이루는 철학적 체계를 정립할 수 있는 것이다.

16. 일지(一止)사상과 『인간과 짐승』

일지(一止)사상을 바탕으로 저자의 『인간과 짐승』에 나타난 철학을 정리하면, 이는 유형계에서 본질적인 조화와 균형을 유지하는 원리로 작용할 수 있다.

㈎ 인간과 짐승의 철학적 차이

인간은 이성과 도덕적 판단을 통해 사회적 질서를 형성하며, 윤리적 삶을 실천하는 존재이다.

짐승은 본능과 생존을 기반으로 행동하며, 자연의 질서에 따라 살아가는 존재이다. 일지(一止)사상은 혼란을 멈추고 본질적인 조화와 균형을 이루는 과정을 강조하며, 이는 인간과 짐승의 본질적 차이를 설명하는 철학적 기반을 제공한다.

(나) 인간과 짐승의 공통점

○ 생존 본능: 인간과 짐승 모두 생존을 위해 행동하며, 환경에 적응하는 능력을 가진다.
○ 감정과 본능: 인간과 짐승 모두 감정을 표현하며, 본능적인 행동을 한다.
○ 사회적 관계: 인간은 공동체를 형성하고 윤리적 질서를 유지하며, 짐승도 무리 생활을 통해 협력과 경쟁을 한다.

(다) 일지(一止)사상과 인간·짐승의 조화

일지(一止)사상은 인간과 짐승의 본질적 차이를 인정하면서도, 조화로운 관계를 유지하는 원리로 작용할 수 있다. 인간은 이성과 윤리를 통해 조화를 이루고, 짐승은 자연의 질서 속에서 균형을 유지한다. 즉, 일지(一止)사상은 인간과 짐승의 본질적 차이를 초월하여, 존재의 조화와 균형을 이루는 철학적 체계를 형성할 수 있다.

⑷ 일지사상과 저자의 관계

저자는 철학과 윤리학을 연구한 학자로, 그의 저서『인간과 짐승』에서 인간과 동물의 본질적 차이와 윤리적 삶의 방향을 탐구한다.

① 일지(一止)사상과 저자의 철학적 접근
일지(一止)사상은 혼란을 멈추고 본질적인 조화와 균형을 이루는 과정을 이룩한 깨달음과 멸고(滅苦)의 이룸을 강조한다. 저자의 철학은 인간과 짐승의 본질적 차이를 분석하며, 윤리적 삶을 실천하는 방법을 탐구한다. 두 사상 모두 인간의 본질과 조화로운 삶을 강조하며, 윤리적 실천을 중요하게 여기고 있다.

② 저자와 일지사상
저자는 일상생활 속에서 누구나 이룰 수 있는 것이 일지사상으로 본다. 왜냐하면 일지사상이 줄탁동시(啐啄同時)의 결과물이지만 결과물에 대한 이해가 개인에게 선(善)함의 보존과 유지함으로 인해 나타나는 것으로 보고 있다. 저자는 이러한 선(善)함의 보존과 유지가 외부의 행위로 드러날 때 의(義)로움으로 표현하고 있다. 저자가 표현하는 '선(善)함과 의(義)로움' 모습은 과거부터 지켜온 방법이 있는데 그것을 중용이라고 주장한다. 그리고 일상에서 중용의 모습을 실천하는 현상의 내용을 자리이타(自利利他)로 보고 있다. 그러므로 저자는 일지사상의 실천이 곧 자리이타(自利利他)의 구현이라 주장한다.

비교 항목	일지(一止) 사상	서병곤의 철학
철학적 성향	내면의 조화와 균형	인간과 짐승의 윤리적 차이
핵심 개념	혼란을 멈추고 본질적 질서 유지	인간의 도덕적 성장과 성찰
적용 방식	개인의 깨달음과 실천	윤리적 삶과 공동체 조화

③ 사상적 통합 가능성

일지(一止)사상은 저자의 철학과 연결될 수 있으며, 인간의 본질과 윤리적 삶을 탐구하는 철학적 체계를 형성할 수 있다. 특히 윤리적 실천과 인간의 도덕적 성장 과정은 일지(一止)사상이 강조하는 본질적인 조화와 균형을 유지하는 과정과 연결될 수 있다.

즉, 일지(一止)사상과 저자의 철학은 인간의 본질과 윤리적 삶을 탐구하는 공통된 철학적 기반을 공유하며, 이를 통해 실천적 사상 체계로 발전할 가능성이 있다.

Ⅳ
일지(一止)사상과 윤리 교과의 관계들

1. 일지(一止)사상과 도덕과 윤리의 관계

일지(一止)사상을 바탕으로 도덕과 윤리를 해석하고 실천하는 방법을 살펴보면, 이는 조화와 균형을 유지하는 철학적 원리로 다음과 같이 구분하여 작용할 수 있다.

㈎ 도덕과 윤리의 본질적 해석

일지(一止)사상은 모든 혼란을 멈추고 멸고(滅苦)를 이루어 본질적인 조화와 균형을 이루는 과정을 통해 깨달음을 실천하는 원리를 의미한다. 이와 마찬가지로 도덕과 윤리는 사회적 질서를 유지하고 인간의 행동을 규율하는 원리이며, 이는 일지(一止)사상이 강조하는 조화로운 삶과 연결될 수 있다. 즉, 도덕과 윤리는 개인과 공동체가 균형을 이루는 과정이며, 일지(一止)사상은 이를 실천하는 철학적 기반을 제공하는 것이다.

(나) 일지(一止)사상을 현실에서 실천하는 방법

- ○ 내면의 성찰: 자신의 행동과 가치관을 돌아보고, 조화로운 삶을 실천하는 방법을 모색하는 것이 이루어지도록 한다.
- ○ 윤리적 판단: 도덕적 딜레마 상황에서 균형 잡힌 결정을 내리는 능력을 키워서 실행하도록 한다.
- ○ 사회적 실천: 공동체의 조화를 유지하기 위해 윤리적 행동을 몸소 실천하여 타자와의 바람직한 관계를 맺도록 한다.
- ○ 자연과의 조화: 환경 보호와 지속 가능한 삶을 실천하여 자연과 인간의 조화와 균형을 유지하도록 한다.

(다) 현대적 적용 가능성

일지(一止)사상은 현대 사회에서 윤리적 문제 해결의 원리로 작용할 수 있으며, 지속 가능한 사회를 구축하는 데 기여할 수 있다. 이는 불교 철학, 동양 사상, 서양 사상 그리고 현대 윤리학과 연결하여 더욱 깊이 탐구될 수 있는 개념이라 할 수 있다.

2. 일지(一止)사상과 고교 윤리 교과의 생윤, 윤사, 고윤과의 관계

일지(一止)사상 입장에서 해석하는 고등학교 윤리 과목에 해당되는『생활과 윤리』,『윤리와 사상』,『고전과 윤리』에 대해 알아보자

일지(一止)사상을 바탕으로 고등학교 생활과 윤리, 윤리와 사상, 고전과 윤리를 해석하면, 각 과목이 강조하는 도덕적 원리와 실천적 윤리를 조화와 균형의 관점에서 바라볼 수 있다.

㈎『생활과 윤리』와 일지(一止)사상

생활과 윤리는 현실적인 윤리 문제를 다루며, 개인과 사회의 조화를 강조하는 과목이다. 일지(一止)사상은 바름을 바탕으로 바람직한 관계 설정을 통하여 혼란을 멈추고 멸고(滅苦)를 이루어 본질적인 조화와 균형을 이루는 과정을 통해 깨달음을 실천하는 원리를 의미하며, 이는 생활과 윤리가 강조하는 실천적 윤리와 연결될 수 있다. 즉, 일지(一止)사상은 생활 속에서 윤리적 조화를 유지하는 원리로 작용할 수 있다. 그러므로 일지사상으로 바라본『생활과 윤리』의 내용은 무형계의 바름을 보존하고 유지된 상태로 인해 유형계에서 조화와 균형을 유지하려는 것으로 볼 수 있다,『생활과 윤리』로 바라본 일지사상은 무형계의 속성을 유형계인 생활 속에서 조화와 균형으로 결말을 맺도록 하려는 사상이다.

(나)『윤리와 사상』과 일지(一止)사상

윤리와 사상은 동서양의 철학적 윤리 이론을 탐구하는 과목으로, 인간의 본성과 도덕적 원리를 연구한다. 일지(一止)사상은 존재의 본질과 조화로운 질서를 탐구하는 철학적 원리로 작용할 수 있으며, 이는 윤리와 사상의 철학적 탐구와 연결될 수 있다. 즉, 일지(一止)사상은 윤리와 사상의 철학적 개념을 통합하여 조화로운 삶을 실천하는 원리로 작용할 수 있다. 그러므로『윤리와 사상』에 드러난 내용은 일지사상을 통하여 원리 제공과 생활 속 실천을 위한 다양한 것들을 살펴볼 수 있다

(다)『고전과 윤리』와 일지(一止)사상

고전과 윤리는 전통적인 윤리 사상을 탐구하며, 고전 철학을 통해 도덕적 삶의 방향을 제시하는 과목이다. 일지(一止)사상은 고전 철학에서 강조하는 조화와 균형의 원리를 현대적으로 해석하는 과정과 연결될 수 있다. 즉, 일지(一止)사상은 고전 윤리 사상을 현대적으로 재해석하여 실천적 윤리 체계를 형성하는 원리로 작용할 수 있다.

일지(一止)사상은 생활과 윤리, 윤리와 사상, 고전과 윤리의 핵심 개념과 연결될 수 있으며, 이를 통해 조화와 균형을 이루는 철학적 체계를 정립할 수 있었다.

이는 불교 철학, 동양 사상, 서양 사상 그리고 현대 윤리학과 연결하여 더욱 깊이 탐구될 수 있는 개념이다.

3. 일지(一止)사상과 다양한 한국사상들과의 관계

 일지사상과 최치원 사상, 원효 사상, 의천과 지눌대사 사상, 실학과의 관계, 정약용, 민족종교 사상과의 관계를 비교해 보자. 일지(一止)사상과 다양한 한국 철학 및 사상을 비교하면, 각각의 개념이 조화와 균형을 유지하는 방식에서 공통점과 차이점을 발견할 수 있다.

(가) 최치원 사상과 일지(一止)사상

 최치원은 유·불·도 삼교회통(三敎會通)을 주장하며, 다양한 사상을 융합하는 철학적 접근을 강조했다.
 일지(一止)사상은 모든 혼란을 멈추고 본질적인 조화와 균형을 이루는 과정을 의미하며, 이는 최치원의 삼교회통과 연결될 수 있다.
 즉, 일지(一止)사상은 최치원의 사상처럼 다양한 철학적 개념을 통합하여 조화로운 삶을 실천하는 원리로 작용할 수 있다.

(나) 원효 사상과 일지(一止)사상

 원효는 일심(一心)과 화쟁(和諍)을 강조하며, 모든 대립을 초월하는 조화로운 세계관을 제시했다.
 일지(一止)사상은 혼란을 멈추고 본질적인 조화와 균형을 이루는 과정을 의미하며, 이는 원효의 일심 사상과 연결될 수 있다. 즉,

일지(一止)사상은 원효의 화쟁 사상처럼 대립을 초월하여 조화로운 삶을 실천하는 원리로 작용할 수 있다.

㈐ 의천과 지눌대사 사상과 일지(一止)사상

의천은 교관겸수(敎觀兼修)를 통해 교학과 수행을 함께해야 한다고 주장했다. 지눌은 돈오점수(頓悟漸修)와 정혜쌍수(定慧雙修)를 통해 깨달음과 수행을 함께해야 한다고 강조했다.

일지(一止)사상은 조화와 균형을 유지하는 원리로 작용할 수 있으며, 이는 의천과 지눌의 수행 방식과 연결될 수 있다.

㈑ 실학과 일지(一止)사상

실학은 현실적 문제 해결과 실용적 철학을 강조하며, 사회 개혁을 목표로 삼았다.

일지(一止)사상은 조화와 균형을 유지하는 원리로 작용할 수 있으며, 이는 실학의 실천적 철학과 연결될 수 있다. 즉, 일지(一止)사상은 실학처럼 현실적 문제 해결을 위한 철학적 기반을 제공할 수 있다.

㈒ 정약용과 일지(一止)사상

정약용은 실용적 윤리와 사회 개혁을 강조하며, 실천적 철학을 발전시켰다.

일지(一止)사상은 조화와 균형을 유지하는 원리로 작용할 수 있으며, 이는 정약용의 실천적 철학과 연결될 수 있다. 즉, 일지(一止)사상은 정약용의 철학처럼 현실적 문제 해결을 위한 실천적 원리로 작용할 수 있다.

㈲ 민족종교사상과 일지(一止)사상

민족종교사상은 한국의 전통적 가치와 민족적 정체성을 강조하며, 공동체의 조화를 중시한다.

일지(一止)사상은 조화와 균형을 유지하는 원리로 작용할 수 있으며, 이는 민족종교사상의 공동체 정신과 연결될 수 있다. 즉, 일지(一止)사상은 민족종교사상처럼 공동체의 조화를 이루는 철학적 기반을 제공할 수 있다.

㈳ 비교 결과

일지(一止)사상은 최치원, 원효, 의천, 지눌, 실학, 정약용, 민족종교사상의 핵심 개념과 일지 상태가 연결될 수 있으며, 이를 통해 조화와 균형을 이루는 철학적 체계를 정립할 수 있다. 이는 불교철학, 동양 사상, 서양 사상 그리고 현대 실용주의 철학과 연결하여 더욱 깊이 탐구될 수 있는 개념이라 할 수 있다.

2부

참과 거짓

- 인간의 언어와 짐승의 언어 -

I
바름(正)

1. 바름(正)의 철학이란?

바름(正)의 철학은 올바름과 균형을 유지하는 원리를 탐구하는 철학적 개념이다. 이는 윤리적 삶과 도덕적 판단의 기준으로 작용하며, 다양한 철학적 접근에서 중요한 역할을 한다.

⑴ 바름(正)의 의미

공자는 바름(正)을 도덕적 원칙과 윤리적 실천의 핵심 가치로 보았다. 바름(正)은 단순한 도덕적 개념이 아니라, 사회적 질서를 유지하는 원리로 작용할 수 있다. 바른 삶은 자신의 행동이 윤리적 기준에 부합하는지 성찰하는 과정을 포함한다.

⑷ 바름(正)의 철학적 접근

도덕심리학에서는 바름(正)이 개인의 윤리적 판단과 사회적 관계 형성에 영향을 미친다고 분석한다. 공리주의와 의무론에서도 바름(正)은 도덕적 판단의 기준으로 작용하며, 사회적 조화를 이루는 원리로 활용된다.

⑸ 바름(正)의 실천 방법

○ 내면의 성찰: 자신의 행동이 윤리적 기준에 부합하는지 돌아본다.
○ 사회적 실천: 공동체의 조화를 유지하기 위해 윤리적 행동을 실천한다.
○ 자연과의 조화: 환경 보호와 지속 가능한 삶을 실천하여 자연과 인간의 균형을 유지한다.

즉, 바름(正)의 철학은 윤리적 삶과 도덕적 판단의 기준을 제공하며, 이를 통해 조화와 균형을 이루는 철학적 체계를 형성할 수 있다.

2. 바름(正)의 적용 상태와 실천 방안

바름(正)의 철학은 개인과 공동체 모두에게 적용될 수 있으며, 각각의 적용 방식에 따라 조화와 균형을 유지하는 원리가 다르게 나타나게 된다.

㈎ 개인에게 적용될 때의 상태

- 내면의 안정: 바름(正)을 실천하는 개인은 도덕적 성찰과 윤리적 판단을 통해 내면의 조화가 유지되게 한다.
- 행동의 일관성: 올바른 삶을 실천하는 과정에서 자신의 가치관과 행동이 일관성을 가지며, 윤리적 기준을 따르도록 한다.
- 자기 성장: 바름(正)의 철학을 실천하는 개인은 자신을 끊임없이 발전시키며, 도덕적 성숙을 이루어 나가야 한다.

㈏ 공동체에 적용될 때의 상태

- 사회적 조화: 공동체 내에서 바름(正)이 실천되면 구성원 간의 신뢰와 협력이 강화되며, 사회적 안정성이 높아지게 된다.
- 공정한 질서: 윤리적 원칙이 유지되면서 공정한 법과 제도가 확립되고, 사회적 정의가 실현되게 한다.
- 공동체의 지속 가능성: 바름(正)의 철학이 공동체에 적용되면 사회적 갈등이 줄어들고, 지속 가능한 발전이 가능해지도록 한다.

⑷ 가장 적합한 실천 방안

○ 개인의 실천 방법: 자기 성찰, 자신의 행동과 가치관을 돌아보고, 윤리적 기준을 확립하게 한다.

○ 도덕적 행동: 정직과 신뢰를 바탕으로 타인과의 관계를 형성하게 한다.

○ 책임감 있는 삶: 자신의 행동이 공동체에 미치는 영향을 고려하며 살아가게 한다.

○ 공동체의 실천 방법: 공정한 법과 제도 확립, 사회적 정의를 실현하기 위한 법과 정책을 마련한다.

○ 윤리 교육 강화: 도덕적 가치와 윤리적 행동을 교육하여 공동체의 조화를 유지한다.

○ 사회적 연대: 구성원 간의 협력과 신뢰를 바탕으로 지속 가능한 공동체를 형성하게 한다.

즉, 바름(正)의 철학은 개인과 공동체 모두에게 적용될 수 있으며, 이를 실천하는 과정에서 조화와 균형을 이루는 철학적 체계를 형성할 수 있다.

3. 바름(正)의 철학과 일지(一止)사상의 관계 정립

바름(正)의 철학과 일지(一止)사상은 모두 조화와 균형을 유지하는 원리를 강조하며, 인간과 사회의 올바른 질서를 탐구하는 철학적 기반을 제공한다.

(개) 바름(正)의 철학과 일지(一止)사상의 공통점

○ 조화와 균형: 두 사상 모두 혼란을 멈추고 본질적인 질서를 유지하는 과정을 강조한다.
○ 윤리적 실천: 바름(正)은 도덕적 원칙과 윤리적 실천을 강조하며, 일지(一止)사상도 내면의 성찰과 실천을 중요하게 여긴다.
○ 사회적 조화: 바름(正)은 공정한 질서를 유지하는 원리이며, 일지(一止)사상은 사회적 균형을 이루는 철학적 기반을 제공한다.

(내) 차이점: 적용 방식과 철학적 접근

비교 항목	바름(正)의 철학	일지(一止) 사상
철학적 성향	윤리적 원칙과 도덕적 실천	내면의 조화와 균형
핵심 개념	올바른 질서 유지	혼란을 멈추고 본질적 질서 유지
적용 방식	사회적 윤리와 법적 질서	개인의 깨달음과 실천

(대) 사상적 통합 가능성

바름(正)의 철학은 일지(一止)사상과 연결될 수 있으며, 인간과 사회의 조화를 이루는 철학적 체계를 형성할 수 있다. 특히 공자의 윤리적 원칙과 불교의 중도(中道) 개념은 일지(一止)사상이 강조하는 본질적인 조화와 균형을 유지하는 과정과 연결될 수 있다. 따라서 두 사상은 인간과 사회의 조화를 이루는 공통된 철학적 기반을 공유하며, 이를 통해 실천적 사상 체계로 발전할 가능성이 있다.

4. 바름(正)의 철학과 일지(一止)사상 그리고 무형계와 유형계 경계의 소통처로서의 사상

바름(正)의 철학과 일지(一止)사상, 그리고 무형계(無形界)와 유형계(有形界)의 경계에서 소통하는 사상을 탐구하면, 이는 존재의 본질과 조화로운 질서를 유지하는 원리로 작용할 수 있다.

㈎ 바름(正)의 철학과 일지(一止)사상의 관계

바름(正)의 철학은 윤리적 원칙과 도덕적 실천을 강조하며, 올바른 질서를 유지하는 원리이다.

일지(一止)사상은 모든 혼란을 멈추고 본질적인 조화와 균형을 이루는 과정을 의미한다.

두 사상 모두 조화와 균형을 유지하는 철학적 기반을 제공하며, 인간과 사회의 올바른 질서를 탐구하는 과정을 포함한다.

(나) 무형계와 유형계의 경계에서 소통하는 사상

○ 무형계(無形界): 형체가 없는 세계로 정신적 세계를 포함한, 사상과 철학, 신념과 같은 개념이 포함된다.
○ 유형계(有形界): 물질적 세계로, 현실에서 경험할 수 있는 모든 존재와 현상이 포함된다.

일지(一止)사상은 무형계와 유형계의 경계를 소통 및 연결하는 원리로 작용할 수 있으며, 이는 정신적 깨달음과 현실적 실천을 조화롭게 유지하는 과정을 포함한다.

(다) 사상적 통합 가능성

바름(正)의 철학은 일지(一止)사상과 연결될 수 있으며, 인간과 사회의 조화를 이루는 철학적 체계를 형성할 수 있다. 무형계와 유형계의 경계를 연결하는 과정에서, 일지(一止)사상은 정신적 깨달음과 현실적 실천을 조화롭게 유지하는 원리로 작용할 수 있다. 따라서 두 사상은 인간과 사회, 정신과 물질의 조화를 이루는 공통된 철학적 기반을 공유하며, 이를 통해 실천적 사상 체계로 발전할 가능성이 있다.

II
언어(言語)

1. 언어(言語)란 무엇인가?

　생물 중 많은 살아있는 것들은 자신을 표현하는 방법으로 소리와 몸짓을 이용한다. 이러한 소리와 몸짓은 인간에게 있어서 언행(言行)이란 문자로 표현된다. 언행(言行)은 언(言)으로서는 말과 어(語)로서는 문자(글) 그리고 행(行)으로서는 몸짓으로 팔과 다리 그리고 표정 등으로 자신의 신체언어(身體言語)로 자기의 의사를 드러나게 한다. 이렇게 드러낸 언어의 표현 중 하나는 성실한 것으로서 이치에 맞는 조리가 되지만 그렇지 못하면 불성실한 것으로서 이치에 맞지 않는 부조리한 것 즉, 거짓이 된다. 그러나 인간 이외의 동물은 사람과 달리 언행(言行)에서 문자(글)라는 것이 존재하지 않는다. 인간에게 문자는 상대에게 자신의 의도를 정확히 전달하는 인간들의 수단이지만 직접적인 것보다 간접적인 것에 속한다.

이러한 수단은 인간 이외의 동물에게 적용되는 것은 아니다.

동물에게는 소리(그만의 말)와 행동이라는 언행(言行)을 통해 자신의 의사를 전달하게 된다. 자신의 의사가 다른 동물에게 잘 전달이 되지 않을 땐, 그 동물은 소리보다 행동이 먼저 나가게 되는 다양한 방식으로 자신의 의사를 표현하게 되는 것이다. 이러한 행위(行爲)는 사람들의 관계에서도 그렇지 않은가?

그렇다면 인간에게 있어서 **언어(言語)**란 무엇인가? 언어는 공동체에서 다른 사람들과 함께 살아가기 위해 **자신의 의사를 전달하기 위해 행사하는 필요한 수단**이다. 이 수단으로서 언어(言語)란 누군가가 공동체 일원으로서 함께 살아가는 사람들의 하는 **모든 말(言: 말씀)과 모든 글(文字)을 통칭하여 부르는 것**이라 할 수 있다.

이러한 언어의 의미를 사전적으로 정리한 개념들을 위키백과에 서술된 것으로 살펴보기로 하자. 위키백과에서는 언어에 대한 정의를 다음과 같이 다섯 가지로 표현하고 있다.

첫째, 사람들이 **자신의 생각을** 다른 사람들에게 나타내고 **전달하기 위해 사용하는** 체계이다.
둘째, **사물, 행동, 생각 그리고 상태를 나타내는** 체계이다.
셋째, 사람들 사이에 **공유되는 의미들의 체계**이다.
넷째, **문법적으로 맞는 말의 집합**이다.
다섯째, **언어 공동체 내에서 이해될 수 있는 말의 집합**이다.

위 다섯 가지 언어의 정의 중 **첫째와 둘째의 의미는** 일상생활에서 개인이 취할 수 있는 주관적인 틀에 가까운 것으로 표현할 수 있다. 그러나 **셋째와 넷째 그리고 다섯째의 의미는** 말하는 자가 상대에게 자기 뜻을 전달하거나 정리한 것을 가지고 **공동체에서 활용하게 되는 공유되는 언어의 체계를 말하는 것이** 된다.

그런 의미에서 첫째와 둘째는 삶의 표현에서 드러나는 개인 일상의 자연스러운 현상이 될 수 있지만, 셋째와 넷째 그리고 다섯째는 말보다는 글을 통해 자기 뜻을 상대에게 전달되는 도구 혹은 수단으로 정리될 수 있다. 이는 다섯 가지의 언어에 대한 정의를 세분화하여 살펴보면 위와 같이 설명되는 것이다. 그러나 언어의 정의로서 보여주는 다섯 가지가 지닌 의미는 자신의 주장을 통해 **자기 생각과 뜻(意思)을** 상대에게 전하려는 **사회적 수단으로서** 작동하는 것이다. 이러한 작동은 자신이 속한 공동체에서 자신과 타자에게 보여주는 다양한 표현이라 할 수 있다.

2. 언어(言語)의 구분

언어에 대한 다섯 가지 정의 이외에 필자가 바라보는 **인간 언어란 무엇인가?** 세 가지로 구분해 보고자 한다. **첫째는 참인 언어로 사실과 일치되는 현상을** 말하고, **둘째는 사실과 어울리지 않는 공허한 언어**에 그치는 빈 소리 또는 헛소리, 즉 **매개어(媒介語: 사람 사이에서 양편의 관계를 맺어주는 것)**이고, **셋째는 참과 반대되는 거짓(속임수)으로** 표현할 수 있는 것이다. 여기서 참과 대비되는 **거짓의 의미는 사실과**

대비되지 못(불일치)한 언어이거나 화자가 정확히 알지 못하면서 알려주려는 오류[무지(無知)의 행위]의 행위를 나타나게 하는 것을 말한다. 세 가지 언어 구분에 대한 구체적인 언어 의미를 다음과 같이 살펴보기로 하자.

3. 참(眞)의 문자로서의 해석

▶ 『설문해자(說文解字)』에 따르면,

"眞, 遷人變形而登天也. 所乘載也."
"참이란? 사람이 [지성(至誠)으로]변화가 일어나 이동하는 것으로 하늘을 오르는 것이다. 실어서(타서) 오르는 것이다." 이 의미는 천인합일(天人合一)의 표현으로서 언행일치(言行一致)를 이루는 성(誠)으로 해석될 수 있지 않을까? 이러한 해석은 곧 깨달은 자[각자(覺者)]로서 득도(得道)하여 오묘한 하늘의 이치를 아는 자 즉, 성(誠)을 이룬 자라 할 수 있다. 그러므로 참(眞)은 한편으로는 진리(眞理)를 말하는 것이며 다른 한편으로 진리(眞理)를 구현하는 자의 모습이라 할 수 있다.

▶ 『장자(莊子)』 외편(外篇) 천운편(天運篇)에 따르면,
공자가 어느 때 어떤 사람에게 아주 심하게 물었다.

"참_진(眞)_이란 대체 어떤 것입니까?"
"참이란 지성(至誠)을 말하는 것입니다."

설명을 덧붙이기를 청하자 다음과 같이 대답했다.

"정성(精誠)이 없으면 사람을 움직이게 할 수가 없다. 그러니까 슬프지도 않은데 억지로 눈물을 짜가며 소리를 내서 울어도 듣는 사람에게 그 우는 소리가 슬프게 들리지를 않는다. 억지로 노한 척해도 그렇고, 억지로 가까운 척, 억지로 친절한 척해도 상대는 조금도 무서워하거나, 친숙해지지 않는 것이다.

정말 슬플 때는 소리를 내어 울지 않아도 슬프고, 정말 노했을 때는 큰소리를 치지 않아도 보는 사람이 무서워하는 것이다. 정말 친절한 것은 웃는 얼굴을 짓기 전에 벌써 가까워질 수가 있다. 모든 것이 참되면 그것이 밖으로 나타나게 마련이다. 그래서 '참 된다'는 것은 가장 귀중한 것이다. 이것을 인륜(人倫)에다 맞춰보면 어버이에게 효도가 되고, 임금께는 충성이 되며, 상제(喪祭)가 되면 슬픔이 되고, 술을 마실 땐 즐거움이 되는 것이다.

충성은 공을 세우는 것이 위주요, 술을 마시는 것은 즐거움이 위주요, 어버이를 모시는 것은 어버이의 뜻을 따르는 것이 위주가 된다. 어리석은 사람들은 하늘의 뜻[천리(天理)=중용]을 알 수 없어서 세속적인 것(이익과 탐욕=과불급=不中)에 몹시 마음을 쓰게 되는 것이다."

이는 참(眞)을 향하는 자(者)가 지성(至誠)의 상태를 지속하여 나와 타자 사이의 줄탁동시(啐啄同時)가 이루어져 천리(天理)를 깨닫게 되어 무지(無知)에서 벗어난 상태이다. 무지(無知)에서 벗어난 자(者)는 천인합일(天人合一)에 따른 바름(正)을 알고서 자신이 깨달은 것을 자신의 언행일치가 된 표현으로 바름(正)을 전달하려고 한다. 이때의 바름(正)은 무형계와 유형계의 공통된 속성이라 할 수 있다. 따라서 바름(正)은 참(眞)인 진리(眞理)의 다른 표현이기에 일상생활 속에서 바름(正)으로 드러내는 모든 현상은 거짓이 없는 참이 된다. 참(眞)의 또 다른 표현이 진리(眞理)가 되고 바름(正)이 되며, 바름(正)의 또 다른 표현이 인간에게 있어서는 내적으로 보존과 유지의 개념인 선(善)이자 외적으로는 실천적 행위인 의(義)가 된다. 이때의 행위로서의 의(義)는 **무지(無知)를 타파(너 자신을 알라)**한 깨달음이자, 지행합일(知行合一)과 지행일치(知行一致)를 실천하기 위한 용기의 필요성과 호연지기(浩然之氣)를 길러줄 필요가 있다고 주장한다.

知天之所爲하며 知人之所爲者 至矣니라 하늘이 할 바를 아는 것이며 사람이 할 바를 아는 것이 지극함이니라. 知天之所爲者는 天而生也요 하늘이 할 바를 아는 것은 하늘로 말미암아 나는 것이요. 知人之所爲者는 以其知之所知로 사람이 할 바를 아는 것은 그 아는 것이 아는 바인 것이고, 以養其知之所不知하야 그 아는 것이 알지 못하는 바를 키움(더 알아감을 성장시킴)으로써 終其天年하야 마침내 그 오랜 세월 동안 而不中道夭者 是는 知之盛也니라 도중에 그치지 않는 자라면 앎이 채워지니라	雖然이나 有患하니 비록 그러하나 (도중에 그치지 않는 자라면 앎이 채워지니라) 근심이 있으니 夫知는 有所待而後에야 當하나니 무릇 안다는 것은 기다리는 이후에 있는 것이 마땅함이니 其所待者 特未定也니라 그 기다림이라는 것은 특별히 정해진 기간이 없느니라 庸詎知吾所謂天之非人乎며 그러니, 이에 내가 이른바 하늘을 안다는 것은 (천인합일 된)사람이 아닌 것이며 所謂人之非天乎리오 이른바 사람(천인합일이 이뤄지지 않은 이)은 하늘이 아닌 것이오. 且有眞人而後에야 또한 진인(천인합일이 있는 인간)이 있은 이후에야 有眞知니라 참(진리에 대한) 앎이 있는 것이니라.

▶『장자(莊子)』대종사편(大宗師篇) 1장에 따르면,

※ 장자에 있어서 참(眞)이란 진리(眞理)를 뜻하며 진인(眞人)이란 깨달은 자로서 천인합일(天人合一)이 이뤄진 사람이라 할 수 있다. 따라서 **참 앎[진지(眞知)]**이란 깨달은 자들이 갖게 되는 '지혜스러움'이라 표현할 수 있을 것이다. 지혜스러움의 의미는 하늘을 알고 나를 아는 것에서 비롯되는 것이라 할 수 있다.

▶ 참(眞)과 거짓(不眞)의 포괄적 의미란

참(眞)이란 진리(眞理) 자체이자 이와 합일(合一)을 깨달은 자의 바른(正) 모습으로 내적으로 선(善)을 보존하고, 외적으로 의(義)를 드러내며 중용의 상태를 유지하는 것이 되며, 거짓(不眞)이란 바른(正) 모습이 아닌 바르지 않은 부정(不正)한 모습으로 불선(不善)과 불의(不義)로서 현실에서 과불급(過不及)을 말하는 것으로 주로 탐욕과 이기심을 극대화하려는 태도로 나타나게 된다. 이러한 참(正)과 불참(不正)은 조화와 부조화 그리고 질서와 무질서 형식을 띠게 되는 포괄적 의미를 지닌다.

4. 참(眞)으로서의 구체적 의미

첫째. 언어가 참의 의미일 때, 그것은 참된 사실을 전달하는 수단으로서 이치(理致)를, 진리(眞理)를 그려 내어 전달하는 수단인 것이다. 참된 사실로서 이치를 전달하는 방법에는 사실 있는 그대로를 전달하는 것으로 **바른 이치**를 전달하는 것이 된다. 이런 **바른 이치**는 화자(話者)가 정견(正見)을 바탕으로 정언(正言), 정어(正語), 정행(正行)을 실천하는 것이라 말할 수 있다. 바른 이치의 언어는 사실을 사실 그대로 상대와 공유하는 것이라 서로가 공감대를 형성하여 사실에 대한 것으로 일치하는 판단을 지니도록 하는 것이다. 그러나 사실에 입각하지 않아 **바른 이치**에서 벗어난 불일치 상태를 전하는 언어와 행위도 있다. 이러한 불일치의 언어 상태는 두 종류로 나누어 생각해 볼 수 있다. 하나는 말하는 자가 잘 알지 못한 상태에서 전달하는 것이다. 이러한 상태의 전달은 언어가 사실과 다른 오류의 상태가 있는 것인데 이를 무지(無知)라 부르는 것이다. 또 다른 것은 말하는 자가 이미 이치에 어긋나는 오류임을 알고 상대에게 전달하는 것도 있다. 이는 말하는 자가 의도적으로 이치에서 벗어난 것을 말하는 것으로 거짓말이라 불린다. 이러한 거짓말은 말하는 자가 상대를 의도적으로 속이는 작업이기에 사실에 대해 바른 이치에서 벗어난 언어가 된다. 상대를 속이는 거짓이 말과 글과 행동으로 드러나는 작업을 '사기(詐欺)'라 부르고, 사기를 치는 사람을 사기꾼이라 부르게 된다. 이러한 사기꾼들은 대부분 자신의 이익을 위하여 공동체 사회를 혼란하게 만들고 있으며 신뢰에 대해서 전혀 무관심한 자들이 된다. 사기꾼들의 이러한 작업은 공동체에서 자신과 상대하는 모든 인간에게 판단의 기준을 사실과 다르게 비틀어 놓는 결과를 도출하게 된다. 따라서 사기꾼들이 행하는 거짓된 언어와 거짓된 행동은 이들과 관계하는 상대적인 인간들에게 정확하고 올바른 정보가 되지 않기에 잘못된 판단을 하도록 만들게 된다. 이러한 사실과의 불일치된 관계적 상황은 공동체에서 살아가는 인간들에게 올바른 판단력을 발휘하지 못하도록 판단의 기준을 왜곡시키어 결과적으로 불신을 갖게 한다. 사기꾼들은 왜 잘못된 정보를 주고서 상대에게 판단의 오류를 발생하게 할까? 그것은 사기꾼들이 자신 혹은 자기편인 그들만의 이익을 얻기 위해서 상대에게 잘못된 정보를 주고 잘못된 판단을 유도하는 것이 아닐까? 그들의 이러한 언행은 반드시 편 가르기 혹은 자기만의 아니, 자기들만의 이익을 얻기 위한 작업의 일한으로 진행되었을 것이다. 그러므로 공동체에서 발생하는 거짓된 언행의 시작은 이미 공동체 일원이 아닌 나와 너, 우리와 너희들이라는 구분을 통해 갈등을 전제하게 되어 다툼과 싸움을 불러오게 될 것이다. 이러한 전제된 갈등으로 인해 상대에 대해 우리는 그를 불신의 근간(根幹: 사물의 바탕이나 중심이 되는 것)이라 하며 믿지 못할 상대로 여기게 되는 것이다.

　누군가에 의해 정견(正見)에 따른 정어(正語)와 정행(正行)이라 할 수 있는 언행이 아닌 거짓 언행에서 도출된 거짓에 근거한 잘못된 판단은 어떤 결과를 가져올까?
　만일 상대가 사실에 대해 거짓의 언행을 하여 누군가 잘못된 판단을 하였다 하자. 잘못된 판단을 한 누군가가 자신이 지닌 판단에 대한 견해로서 잘못된 판단을 한 원인이 자신에게 있다면, 그것은 자신의 무지(無知)에서 비롯된 것이다. 그러나 자신이 지닌 정보가 잘못된 정보였기에 그에 따른 판단이 잘못되었다면 그것은 정보 오류로 인해 나타난 결과로 볼 수 있다. 그러나 누군가 판단의 결과에 대한 자신의 무지나 잘못된 정보에 따른 오류는 본인 스스로가 만든 것이기에 스스로 개선하지 않는다면 지속적으로 그릇된 상황으로 인해 잘못된 판단을 계속 발생시키게 될 것이다. 따라서 자신의 무지나 잘못된 정보에 대한 상황에 대해 스스로 개선하려고 노력하지 않는다면 이 사람은 자신의 무지나 잘못된 정보를 정당한 것으로 생각하여 지속적으로 잘못된 자신의 의견을 공동체에 드러내게 될 것이다. 이러한 잘못된 정보가 공동체에 드러나게 될 때 공동체는 신뢰보다는 불신이 팽배한 공동체가 형성될 것이다. 그리고 이러한 갈등과 불신이 수반되어 있는 공동체는 반드시 불신으로 인한 다툼과 전쟁을 수반하게 될 가능성이 크게 될 것이다. 이러한 갈등과 불신이 수반된 공동체 상황을 우리는 부조화 혹은 무질서, 혼돈이란 상태로 부르게 되는데, 이는 사실과 언어의 불일치가 만들어가는 공동체 속에서 불신의 행위를 유발하게 되는 원인이 거짓 혹은 오류에서 비롯됨을 알 수 있게 된다. 한 개인으로서 거짓을 행하거나 오류를 발생시키는 자가 자신의 잘못을 알고 스스로 개선하여 불일치함을 일치함으로 만들어가도록 노력한다면 공동체는 좋아지겠지만 지속적인 불일치를 야기하는 삶을 살아가는 자라면 그가 속한 공동체는 항상 긴장을 늦추지 않고 불신에 대한 경우의 수를 줄이려 할 것이다. 이러한 불신을 줄이려는 행위는 상대를 불신하는 행위로 시작되기에 공동체는 불신이 만연할 수밖에 없을 것이다. 불신의 사회는 사실에 대하여 사실대로 말한다 해도 한번은 의심하여 의심으로 꼬인 공동체의 실타래를 바르게 풀어가도록 행동해야 할 것이다.

오스트리아 출신의 영국의 철학자 비트겐슈타인은 1차 세계대전에 참전하여 포로가 되었을 때 수용소에서 집필한 〈논리 철학 논고〉에서 "말할 수 없는 것에 대해서는 침묵하라"고 기술하고 있다. 비트겐슈타인이 말하는 "말할 수 없는 것"이란 무엇일까? 아마 정어(正語)와 정언(正言)으로 표현할 수 없는 것을 말하는 것이 아닐까? 즉, '사실 또는 진실을 언어(言語)로 표현할 때 왜곡될 수 있다'란 것을 의미하는 것이 될 것이다. 이러한 상황을 보다 구체적으로 표현하면 '어떠한 사실을 사실대로 표현되지 못한다'면 이란 표현과 같은 것이 된다. 그러므로 공동체의 갈등과 다툼이 발생하지 않기 위해서는 누군가 어떤 사실에 대해 사실적으로 표현한 언어가 사실과 일치해야 한다. 즉 일대일 대응이 되어야 한다는 것이다. 그러나 만일 일대일 대응이 되지 못한다면 사실과 언어는 불일치가 되기 때문에 사실에 대한 언어는 의미 없는 공허한 표현이 되는 것이다. 이러한 상태는 언어가 사실을 바르고 정확하게 표현하지 못하는 것이다. 그러나 사실에 대한 표현을 하고자 하는 화자(話者)가 사실과 언어가 바르게 표현되지 못하여, 사실과 언어가 불일치된다면 화자(話者)는 침묵을 하여야 한다. 그렇지 않다면 불일치된 언행이 공동체 갈등을 극대화하는 작업이 된다. 그렇지만 화자가 어떠한 사실을 표현할 때 사실과 언어가 불일치됨을 알면서도 침묵을 하지 않고 상대에게 잘못된 정보를 주게 된다면, 화자 자신도 공동체의 갈등을 유도할 의도가 없다 하여도 공동체에 갈등과 다툼의 원인을 만들게 될 것이다.

비트겐슈타인은 이러한 현상을 고려하여 "언어로 표현할 수 없는 것엔 침묵하라. 억지로 말하면 거짓과 혼란에 빠진다."로 표현하고 있다. 이와 같은 대표적인 사례로는 언론이 사실에 대해 불일치한 언어를 작성하여 편 가르기를 하거나 상대를 속이기 위한 방법으로 이용하는 사례들이 많이 있다. 언론들이 행하는 이러한 사례들은 국민의 여론을 어느 한 곳으로 몰아가기 위해 하는 작업이었다면 그것을 여론몰이 혹은 언론 플레이라고 부르기도 한다. 여론몰이는 '개인이나 집단이 개인의 사적인 목적이나 자기 집단의 이익을 위해 방송, 신문, 인터넷 등의 언론을 이용하는 행위이다. 이 행위는 공적인 이익에 부합하지 않는 경우를 말하며, 부정적인 의미를 담고 있다. 여론몰이의 방식으로 살펴보는 언론들의 사례로는 다음과 같은 것이 있다.

첫 번째 사례, 언론이라면 사실에 대해 사실과 일치하는 정확한 정보를 확인하여 기사화를 해야 한다. 이러기 위해 사실에 대한 정확한 정보를 얻은 후 그 정보에 대응하는 언어를 찾아 사용하는 것이 바르고 이치에 합당한 기사가 되는 것이다. 그러나 요즘 시대는 언론이 사실과 언어가 일대일 대응되는 것을 찾아 기술하여야 하는데 사실에 대해 참을 가장한 거짓이 난무하는 것들이 기사화되고 있는 현상이다. 왜냐하면 언론은 참보다는 거짓을 통해 자신들의 이익이나 자기 집단의 이익을 위해 행하는 작업이 많기 때문이다. 이러한 행위는 언론이 자신과 자기 집단의 이익을 함께 나누고자 하는 것에 눈이 멀었기에 더욱더 그런 것 같다.

두 번째 사례, 국민과 각 개인은 정보화 발달이 이뤄지기 전에는 공동체에서 얻을 수 있는 대부분의 정보가 언론을 통해 이루어지는 것이 대부분이라 할 수 있다. 그러므로 언론에 드러난 기사를 믿게 될 수밖에 없는 상황이 많았다. 이 같은 현상은 정보를 왜곡하여 전달하였을 때는 정보의 정확성을 자신이 직접 확인하지 않는 이상 언론의 기사들을 믿을 수밖에 없는 것이 대부분이었다. 이러한 때의 언론은 국민의 실제적인 동향을 언론에 의해 능동적으로 이끌어 갈 수 있었다. 그렇기 때문에 이러한 현상의 발생은 공동체에서 아무리 부정한 사례가 발생했어도 언론에 의해 마사지가 되면 부정한 사례로 드러나지 않은 현상이 많아지게 된 것이다. 그러므로 인터넷 발달이 이뤄지지 않아서 정보화가 진행되지 않았을 때는 언론이 공동체의 여론몰이를 통해 자신과 자기 집단들에게 더 많은 이익과 이윤을 주기 위해 사실과 불일치되거나 그럴듯하게 보이는 거짓을 기사화하는 경향이 있었다.

이러한 기사는 국민 혹은 백성을 어리석은 개·돼지로 보지 않았다면 이뤄지지 않았을 것이다. 그러므로 아마도 여론몰이의 기사를 쓰는 작성자들의 머릿속에는 분명 국민을 개·돼지로 보았을 가능성 큰 것이다. 그래서 언론들이 국민의 여론 방향을 자신들이 원하는 한 방향으로 몰아가기 위한 작업이기에 국민의 눈과 귀를 막아버리는 이러한 행위에 대하여 여론몰이라 부르는 것이다. 언론에서 여론몰이가 아닌 사실을 사실대로 기사화하는 것을 참다운 기사라 한다. 이러한 참다운 기사는 사실과 언어가 일치되는 현상으로 공동체에 드러나는 작업이 된다면 공동체는 무질서에서 질서로, 부조화스러운 사회보다는 질서 정연한 사회가 될 수 있을 것이다. 따라서 사실과 언어의 일치가 되는 것을 참이라 하고 그렇지 못한 것을 거짓이라 하는 것이다.

사실과 언어의 일치라는 작업에서, 만일 우리가 사실을 사실대로 표현한 것을 참이라 하고, 사실을 사실대로 표현하지 못한 것을 거짓 혹은 오류라 표현하게 된다. 각 개인이 사실에 대하여 참이라 표현할 수 없다면, 침묵을 지켜야 한다고 비트겐슈타인은 말하고 있다. 이때의 침묵은 거짓이나 오류가 아닌 화자의 상대가 참을 구하기 위한 방법을 스스로 찾아서 표현하게 하는 것이 아닐까? 화자가 사실을 사실대로 잘 표현하여 참이 되어야 하나 그렇지 못할 때 상대에게 사실에 대한 궁금증을 갖게 하여 바르고 정확한 사실을 알게 하는 것 이것이 침묵으로 하는 대화가 아닐까? 비트겐슈타인에 의하면 침묵은 또 다른 언어의 표현인 것이다. 침묵은 말을 안 하는 것일 뿐 자신의 생각과 의도를 상대에게 표현하며 전달하는 말이 없는 심오한 표현 수단으로서 상대에게 스스로 사실에 대한 참의 의미를 찾아서 가져오게 하는 것이다. 이러한 사례를 석가모니 부처님과 마하 가섭의 무언의 대화에서 찾아볼 수 있을 것이다. 다음은 그 사례에 대해서 알아보기로 하자.

　석가모니 부처님이 제자들을 영취산에 모아 놓고 설법을 하였을 때, 하늘에서 꽃비가 내리자 손가락으로 연꽃 한 송이를 말없이 집어 들고(拈花) 약간 비틀어 보였다. 제자들은 석가모니 부처님의 그 행동을 알 수 없었으나, 그 뜻을 깨닫고 빙그레 웃었다(微笑). 그제야 석가모니 부처님도 빙그레 웃으며 가섭존자에게 이렇게 말했다. "나에게는 정법안장(正法眼藏: 진리를 볼 수 있는 지혜의 눈으로 깨달은 비밀의 법)과 열반묘심(涅槃妙心: 불생불멸의 진리를 주관적으로 표현한 것으로 절묘한 깨달음의 불심) 실상무상(實相無相: 불변의 진리) 미묘법문(微妙法門: 진리를 깨치는 마음) 불립문자(不立文字: 언어나 경전 외에) 교외별전(敎外別傳: 마음으로 전하는 오묘한 진리)이 있다. 이것을 마하 가섭에게 전했다." 이렇게 하여 **말로 전할 수 없는 가르침**을 가섭존자에게 전해졌다. 이를 후대 사람들이 표현하길 염화미소(拈花微笑)라 하였고 그 속뜻을 **이심전심(以心傳心)**이라 불렀다. 즉, 말이나 글이 아닌 마음에서 마음으로 전하는 가르침이 있다는 것이다. 마음에서 마음으로 전하는 것은 침묵이란 방법을 통해 자신의 표현을 드러낸 작업이라 할 수 있다. 이것이 동양에서는 선(禪)이란 방식으로 발전하게 되면서 인도에서 석가모니 부처님으로부터 달마대사로 인해 중국과 동북아로 가르침을 전하는 방식으로 발전하게 된 것이다.

누구나 **사실과 언어가** 일대일 대응이 되지 않고 불일치한다면 대화 상대자가 그로 인해 판단의 기준을 잘못 선택할 수 있다. 이러한 잘못된 기준을 가지고 판단을 하고자 하면 대부분 자신의 판단에서 비롯된 것들은 오류적인 것을 선택하게 된다. 이러한 판단 오류를 만드는 작업은 사실과 언어가 일대일 대응에서 벗어났기 때문이다. 바른 판단에서 벗어난 이러한 오류의 발생은 공동체에서 갈등과 다툼의 원인으로 제공되기도 한다. 따라서 공동체에서는 공동체 일원들이 자신을 위해서라도 사실과 언어가 일치되는 일상의 언어 작업을 하며 살아가야만 하는 것이다. 이에 대해 비트겐슈타인은 사실과 언어가 일치되지 못할 때 그 사실에 대해 "억지로 말하면 거짓과 혼란에 빠질 수 있다"고 경고하고 있다. 비트겐슈타인에 의하면 사실과 언어가 일대일 대응이 아니라 할지라도 사실을 표현하는 것이 문장이나 그림을 통해 드러날 수 있다고 보고 있다. 그는 사실과 그 사실에 대한 표현이 일치되는 방법으로 사실과 언어의 일치, 사실과 문장 표현의 일치, 사실과 그림으로의 일치라는 다양한 방법을 기술하고 있다. 이와 같은 비트겐슈타인의 표현은 사실에 대해 왜곡하지 않는 모든 방법을 동원해 표현을 정확히 하는 것이 중요하다는 것을 보여주고 있다. 그에 의한 표현 방식들을 서울국제고 김홍일 교사는 '김홍일쌤의 서양 철학 여행'에서 '언어에서 중요한 것은 텍스트(text)가 아니라 콘텍스트(context)이다'로 표현하고 있다.

공동체에서 살아가면서 거짓과 오류를 일으키지 말아야 한다. 거짓과 오류는 판단의 기준을 바로 세우지 않았기 때문에 발생하는 것이다. 누군가가 거짓을 알고 행하느냐 모르고 행하느냐는 것은 매우 중요한 것이다. 모르고 행한다면 행하는 자가 무지(無知)한 것이다. 알고 행한다면 그는 나쁜 사람이자 다른 사람에게 해를 끼쳐서 자신의 이익을 창출하려는 자가 아닐까? 무지(無知)한 자는 무지에서 탈출을 했을 때 판단의 기준을 바로 세울 수 있게 된다. 무지 탈출의 대표적인 것은 소크라테스의 영혼의 맑음을 유지하는 것이자 자기 자신을 바로 아는 것이다. 그래서 소크라테스는 무지의 타파를 위해 "너 자신을 알라."라고 지적을 하였다. 국내에서도 성철 스님과 천주교에서 "자기를 바로 봅시다."라는 전 국민 대상으로 일종의 계몽운동을 하였던 것이 있었다.

거짓임을 알고 행하는 자는 한 번의 거짓을 하기 위해 세 단계의 거짓을 일으켜야 한다. 첫 번째는 자신을 속여야 하고, 두 번째는 상대를 속여야 하며, 세 번째는 공동체를 속이게 되는 것이다. 거짓이라는 것은 결과적으로 오류를 만들어 내는 나쁜 행위이지만 세 번의 속임을 일으키는 과정을 본다면 자신의 마음에 상처를 내어 자신의 맑은 영혼을 오염되게 하는 것이고 관계적으로는 상대에게 판단의 기준을 속이어 잘못된 판단을 유도하게 하는 것이다. 뿐 만 아니라 자신의 속임과 상대의 판단 기준을 오류화 시키는 것은 곧 공동체를 혼란에 빠뜨리는 위험한 행위임도 명심해야 할 것이다. 누군가 거짓과 오류를 창출하는 자라면 누군가의 거짓과 오류가 공동체에 일으키는 나비효과로 인해 자신의 공동체를 혼란에 빠뜨리기도 하지만 지구촌이 하루 생활권에 들어 있는 이상 그의 거짓과 오류는 지구촌에 혼란을 야기하는 단초가 될 수도 있다는 것을 명심해야 할 것이다. 거짓과 오류의 영향력은 일반인보다 지도층의 입장에서 일반인 즉 국민에게 미치는 영향력이 더 클 것이다. 거짓과 오류가 현실의 삶에 드러난 모습이 일반인들이라면 지도층의 거짓과 오류보다 비교적 더 도덕적이기에 일반인들의 거짓과 오류는 공동체에 야기되는 혼란의 범주는 크지 않지만 상대에게 치명적인 삶의 패배자로 만들어 갈 수 있을 것이다. 반면에 지도층의 거짓과 오류는 국가를 국민의 삶의 운명을 뒤바꿀 정도의 영향력이 클 수도 있다. 조선 시대 때는 조선이란 나라를 일본에게 넘겨주기도 하여 나라가 사라지게 하기도 했으며, 6.25 때 한강대교를 폭파하여 많은 피난민들을 사지에 남기기도 했으며, 광주 사태 때는 자국민끼리 목숨을 건 사투를 벌이는 피의 현장이 된 것도 있다. 이들은 결국 지도층이 사실에 대한 것을 사실과 일치된 언어를 사용치 않고 거짓을 보여준 대표적인 사례들이다. 2024년도의 대한민국은 어떤가? 사실과 언어가 일치하는 사회인가? 전혀 그래 보이지 않는다. 지금의 대한민국 사실과 언어의 불일치에 비롯된 모습의 사회인 것이다. 이와 같은 현실에서 나타나는 사실과 언어의 불일치로 인해 발생하는 판단의 오류는 공동체에 갈등을 일으키는 원인이 되기에 말하는 자들에게 사실과 일치하는 바른 언행을 요구하는 것이다. 그러나 사실과 일치하지 않는 언행을 발생시키는 자들은 공동체의 바람직한 조화나 질서보다는 자신의 이익과 집단의 이기를 위해 바른 언행을 무시하는 경우가 자주 발생한다. 이러한 사태로 발생하는 공동체의 혼란과 무질서의 현상은 단위 사회 혹은 단위 국가를 무너뜨리는 원인이 되기도 한다. 역사 속에서 대부분의 흥망성쇠를 살펴보면, 결국 국가든 개인이든 외부의 침략보다 내부의 적들로 인해 기존의 역사의 물길이, 개인의 삶이 바뀌는 망조의 역사를 만드는 것을 살필 수 있었다. 그러나 역사 속에서 국가든 개인이든 내부의 결속을 통해 외부의 침략을 막아내고 내부의 발전과 성공을 이룩한 사례들도 찾아 살펴보기도 한다. 이러한 두 가지의 상황을 아는 자들은 언제나 역사 속에서 바람직한 견해를 찾아서 공동체에 주장을 하려고 노력을 한다. 그러한 노력의 일환으로 역사는 사실에 대해 언행을 불일치하게 하는 자들에게 불일치의 자제를 요청하는 것과 더불어 사실과 일치되는 것을 요구하는 것을 살필 수 있다. 그러나 역사는 불행하게도 자신과 그들의 집단이 가지게 되는 이익과 편함으로 인해 사실과 다른 언행을 통해 공동체를 부수고라도 자신과 집단의 이익과 편함을 챙기려는 자들이 자주 등장하고 있다.

'왜, 이런 현상이 역사에 반복적으로 드러나는 것일까?'

사람으로 태어나면 모두가 인간이 되는 줄 아는 데 그렇지 않다는 것을 역사는 알려주고 있다. 고대, 중세, 근대, 현대, 미래 시대의 사람은 환경이 다를 뿐 모두 같은 생각을 할 줄 아는 사람으로 태어난다. 환경이 다를 뿐 사람으로 태어나 성장하고 늙어서 죽는 것은 동일한 쾌적의 삶을 살아가고 있다. 이러한 삶의 역사에는 지역에 따라 문명의 차이와 문화의 차이가 발생되었지만 현대는 정보통신의 발달로 인해 지구의 거의 대부분의 영역이 일일생활권이 될 정도로 교통과 통신의 발달이 이루어졌다. 아울러 통신의 발달은 세계의 모든 정보도 알 수 있을 정도의 인터넷 발달로 인해 세계인이 공유할 수 있게 되었다. 그럼에도 불구하고 아직도 세계는 사실과 다른 거짓(불일치하는 언행)이 세계의 곳곳에서 횡행하고 있는 것은 왜일까? 사실이 천박해서인가? 아니면 언어로 인한 표현이 부족함에서 비롯된 것일까? 우리는 자신에 대해 솔직하지 못함을 고대, 중세, 근대를 거치며, 오늘의 현대인으로 살고 있으면서도 인정하지 못하고 있는 것이다. 문제는 자신에게 솔직하지 못함에서 비롯되는 사실과 언행의 불일치인 것이고 이것이 개인적으로 거짓이자 사회적으로 사기인 것이다. 그렇다면 원초적으로 문제를 파고든다면 사람이 솔직하지 못하게 된 이유는 무엇일까? 철학적, 심리적으로 쉽게 표현하면 '욕망(欲望)'에서 비롯된다고 한다. 그렇다면 욕망(欲望: 무엇을 간절하게 바라고 원하는 마음)이 나쁜 것인가? 아니다. 절대 나쁜 것이 아니다. 그렇다면 무엇이 문제인가? 이것이 문제인 것이다. 욕망(慾望: 욕심과 욕정을 과도하게 바라는 것)이 문제인 것이다. 이 욕망(慾望)이 사람으로 태어나 바람직한 인간으로 성장하는 것을 방해하는 것이다. 이 두 가지 욕망에서 첫 번째의 욕망(欲望: 무엇을 간절하게 바라고 원하는 마음)과 두 번째의 욕망(慾望: 욕심과 욕정을 과도하게 바라는 것)은 사람을 인간으로 성장시키는가? 아니면 동물 이하의 짐승이나 악마를 만드는가?를 결정하는 구별처가 되는 것이다. 욕망(欲望)과 욕망(慾望)의 구별처는 무엇일까?

고대 그리스에서 소크라테스에 의하면 '나 자신을 아는 것이다.'이고, 플라톤의 적도(to metrion: 윤리적인 맥락에서는 중용(mesotēs)이라 일컬어질 수 있는 것)나 균형(to symmetron: 대칭, 균형의 의미)이 실현된 곳이며, 아리스토텔레스에 의하면 중용(中庸: 어느 쪽으로나 치우침이 없이 올바르며 변함이 없는 상태나 정도)이다. 동양에서는 공자의 중용(균형과 조화)사상과 공자의 제자인 자사가 작성했다는 「중용」의 책자에 드러난 의미(중용하다: 극단적이지 않고 적당한 수준을 유지하는 것. 즉 균형 잡힌 삶)와 맹자의 정도(正道: 이는 상도로서 일반 상황에서의 원칙론이자 지속적으로 지켜야 하는 보편적 규범)와 권도(權道:특수환 상황에서의 상황론으로서 그 상황에 일시적으로 대응하는 개별적 규범)인 것이다. 이것을 도덕적인 개인의 상황에 적용한다면 내적으론 맹자가 주장한 부동심(不動心)을 지키는 평정심을 유지하면서 선(善)함을 간직하고 있으며, 외적으로는 의(義)를 실현하면서 주변과의 적절하고도 바람직한 관계를 맺는 것이라 할 수 있다.

이처럼 적절하고 바람직한 관계를 위해서는 인간의 언어인 참(True)만을 이야기하고 참(True)다운 행동을 하며 참(True)스런 표현만을 해야 한다.

5. 거짓(不眞)으로서의 의미

인간의 삶에서 참(True)의 이치에서 벗어난 언어란 사실과 일치하지 않는 언행과 표현들이 있다. 우리는 이러한 표현들을 거짓이라 하지만, 거짓에도 그 의미를 세 가지로 살펴볼 수 있게 된다. 하나는 거짓말(lie, untruth)을 뜻하는 언어적인 것과 둘째는 거짓(false)을 주장하는 행동과 셋째로는 거짓스런 표현(express lie)으로 나타내는 것이다. 이 거짓은 사람으로 태어나 인간이길 거부하는 시작이라 할 수 있다. 인간이 되기 위해서는 사람이란 동물에서 이기심을 이겨내고 이타심과 함께 더불어 살아가는 단계로 상승해야 한다. 이러한 인간으로의 상승은 바람직한 관계 설정을 잘 만들어 나가는 것이라 할 수 있다. 그러나 사람으로 태어나 거짓을 행하는 순간 그의 언어와 행동은 자신만의 혹은 자기 집단만의 이익이나 편함을 추구하는 방향으로 그들의 입장이 정리되어 진다. 이러한 입장으로 정리된 순간이 사람으로 태어나 인간이기를 포기하는 첫 번째 신호인 것이다. 무슨 일을 하든 처음에는 서툴러서 상대에게 들키기가 쉽다. 그러나 누군가 거짓에 대한 잦은 반복의 언행을 한다면 그는 거짓이 마치 참인 듯이 자연스러워질 것이다. 이러한 자연스러운 거짓은 사실과 다른 것을 표현한 것이기에 작게는 주변을 혼란스럽게 하지만, 크게는 공동체를 혼란하게 만들게 된다. 그래서 이러한 행위를 사기(詐欺: 이익을 취하기 위하여 나쁜 꾀로 남을 속이는 것)라 칭하게 된다. 공동체는 이러한 사기(詐欺)행위를 실행한 자들에게 죄를 범했다고 하여 범죄자(犯罪者)로 낙인을 찍는 것이다. 이러한 낙인으로 인해 범죄자들은 일반들에게 유해한 행위를 한 댓가로 벌금 혹은 징역의 처벌을 받게 한다. 공동체는 거짓으로 인한 사기행위를 한 자들에게 공동체에서 참된 사람으로 살아갈 수 있도록 기회를 주고자 교정교육을 통해 교화시키려고 한다. 그러나 이들은 맹자가 주장한 4단(四端: 측은지심, 수오지심, 사양지심, 시비지심)이 무너져버렸기에 이를 다시 세우고자 하는 교육이 쉽지가 않다. 교정교육의 피교육자로서 4단(四端)을 돌이키는 작업이 성공하기 위해서는 1차적으로 피교육자에게 요구되는 것은 강한 정신력과 스스로 거짓을 극복하려는 강력한 의

지가 더해지지 않는다면 성공시킬 수 없는 것이다. 설사 1차 적인 교정교육이 성공되었더라도 2차 적인 공동체에서의 자신의 바람직한 관계 설정을 위한 공동체와 피교육자 간의 상호협력이 없다면 마지막 교정교육을 통한 성공의 퍼즐을 만들기 힘들 것이다. 그러나 교정교육의 성공 퍼즐을 맞춘 이들이 사회적응이 이루어졌을 때, 비로소 교화가 이루어졌다고 말할 수 있게 된다. 이렇게 교화가 이뤄진 인간이 되어가려는 '바람직한 관계 설정'의 과정을 거쳐 한 인간의 삶을 살아가게 된다.

그러나 교정교육이 실패한다면 실패한 피교육자는 짐승의 길로 들어설 가능성이 높아지게 된다. 사람으로 태어나 거짓 언행을 한다는 것은 사람으로서 인간으로 성장한다는 것을 포기하는 것이다. 이러한 포기는 4단(四端)의 포기로 이어지고 아울러 동양의 기본 도덕인 인의예지(仁義禮智)를 무시하게 된다. 이러한 무시하는 언행의 시작은 공동체에서 짐승이 되어 가는 단초로 볼 수 있다. 그러므로 누군가가 거짓을 실행한다면 그는 자신의 모습을 공동체에 드러낼 때 그가 하는 언행들은 짐승의 본능을 나타낸 것으로 표현할 수 있다.

그렇다면 짐승의 본능을 드러내는 짐승 언어의 구체적인 의미는 무엇인가? 그것은 사실을 사실대로 표현하지 않고 거짓으로 나타내는 모든 것을 말한다. 여기서 말하는 모든 것이란 사실을 왜곡시키는 언어와 행동 그리고 기타의 모든 표현을 말하는 것이다. 언어적인 것을 거짓말이라 하고 행동적인 것을 속이는 행동으로 속임수라 하는 것이고 기타의 것 중에는 그림 혹은 장면을 통해 표현하는 것 등이 있다. 이러한 거짓 중에 잠시 웃고 만다면 장난

이 되겠지만 상대를 위하여 자신의 이익을 챙기는 것은 사기가 된다. 거짓 중 장난은 매개언어의 역할이 되어 분위기를 변화시키는 단초가 되지만 사기는 자신 혹은 자기 집단의 편익만을 추구하는 이익집단의 행위가 되는 것이다. 이때의 이익은 정당한 이익이 아니라 상대를 공동체를 속여서 챙기는 실제적이고 경제적인 이익으로 드러나게 된다. 결국, 거짓은 장난 혹은 사기로 인해 기존의 질서를 파괴하는 행위적 표현이라 할 수 있다.

거짓은 기존의 조화와 질서를 파괴하는 행위로서 거짓의 대상의 범주가 클수록 공동체를 혼란(混亂)과 분란(紛亂) 그리고 개인적인 판단의 기준을 오류(誤謬)에 빠지게 하여 현재의 질서를 파괴하는 행위를 발생하게 된다. 거짓의 시발점은 각 개인이지만 그것의 파급효과는 첫째 자신을 부도덕하게 만들게 되고, 둘째는 각 개인의 주변은 판단의 기준을 잘못 선택하게 하여 오류를 발생하도록 하게 하며, 셋째는 각 개인의 혼란으로 인해 시작된 불신이 공동체를 불신하게 만드는 단초가 된다. 불신으로 맺어진 공동체는 공동체 간의 신뢰가 사라지고 거짓이 팽배한 사회를 만들어가게 된다. 이러한 불신은 국가 간에 있어서 자국만의 이익과 편익을 위해 거짓을 당연하게 여기는 외교가 이루어지는 세상이 될 수도 있다. 이러한 범세계적 불신 외교의 확장은 마침내 국가 간의 전쟁으로 확대될 수 있을 것이다. 이처럼 각 개인의 사실과 불일치되는 거짓은 개인에서 출발한 것을 돌이켜 결과를 생각해 볼 수 있다. 개인에서 비롯된 거짓의 결과는 거짓의 주체인 나와 나의 대상으로서의 상대와 거짓을 말한 이가 속한 공동체에 영향을 미쳐서 바르지 않은 결과를 도출하게 된다. 공동체에서 도출된 바르지 않은 결과는 나아가 국가 간에 불신의 원인으로 작용할 수 있다는 것도 염두에 두어야 한다. 거짓으로 인한 국가 간의 불신을 초래하는 현상은 마침내 국가 간의 싸움으로 커져 전쟁이 발생할 수 있다. 오늘날 전쟁이 발생한다면 세계는 다양한 무기의 발달과 폭약의 폭발력이 향상(핵무기 등)과 생화학무기 등으로 공격을 가할 수 있다. 이러한 전쟁은 결국 제3차 세계대전으로 확산될 수 있다는 것을 명심해야 한다.

누군가의 거짓으로 인해 세계적인 변화가 발생할 수 있다는 것은 개인의 행동이 세상에 대한 작고 큰 변화에 영향을 미칠 수 있다는 것이다. 이러한 개인의 거짓이 큰 변화에 영향을 미치는 것을 나비효과(butterfly effect: 나비의 작은 날갯짓처럼 미세한 변화, 작은 차이, 사소한 사건이 추후 예상하지 못한 엄청난 결과나 파장으로 이어지게 되는 현상)와 같은 현상으로 부를 수 있을 것이다.

거짓은 사실과의 불일치(不一致)로 진리(眞理)를 따르지 않는 부진리(不眞理) 혹은 불이치(不理致)와 부조리(不條理)로 표현할 수 있다. 불일치(不一致)로 인한 부조리(不條理=背理: 이치에 맞지 않는 일)는 거짓이기에 사실과 일치하며 살아가는 개인과 공동체의 바른 생활을 지켜내지 못하게 하여 개인과 공동체에 조화와 질서를 부조화와 무질서로 만들어가게 된다. 이러한 조화와 질서의 무너짐은 모든 것이 일부의 이익과 편함을 만들기 위해 부조화와 무질서를 향하여 나아가게 된다. 편익에서 출발한 부조화와 무질서는 개인의 도덕적 내적 갈등을 발생시켜서 혼란을 야기도 하고 공동체에서의 각 개인의 태도를 결정하는 매우 중요한 요소로 작동하게 된다. 그러므로 거짓은 참인 진리에 어긋나는 것이고 이치에 따르는 것이 아니기에 자연스럽지 못한 것이다. 보다 구체적으로 표현하면 거짓은 진리의 바름(正)을 부정하는 것이다. 바름(正)을 부정하는 것은 인간에게 있어서 선(善)에 따른 내적 가치를 지키지 못하고 자신을 불선(不善)으로 오염시키는 것이며 의(義)에 따른 외적 가치로서의 행위적 개념으로 자신이 의(義)를 행하지 못하고 불의(不義)를 행하는 것이 된다. 따라서 거짓은 인간에게 있어서 불선(不善)과 불의(不義)의 또 다른 형태인 것이다. 이와 같은 의미로 본다면 거짓은 개인의 본성을 지키지 못하게 하는 것이자 공동체를 파괴하는 원흉인 것이다.

거짓은 사람에게 개체 자신의 본질을 외면하게 하는 작업이 된다. 이 작업은 한 개체로서 본질에 바탕을 둔 사람의 본성을 지키지 못하고 타락하게 만든다. 이러한 타락을 부도덕(不道德)이라 하며 비윤리(非倫理)적이라고 말하는 것이다.

6. 매개어로서의 의미

(가) 매개(媒介)의 의미

문자상 매개란 단어는 매(媒: 중매 매)이고 개(介: 끼일 개)에 해당한다. 이 단어는 '**관계**'로서 세 가지의 의미를 지닌다. 이를 '매개의 분개'라는 표현으로 쓰기도 한다. 매개의 분개의…

첫째, 둘 사이에서 양편의 **관계**를 맺어 주는 것.

둘째, 서로 떨어져 있는 두 명사 사이에서 두 명사의 **관계**를 맺어 주는 중간 항의 명사를 부여하는 작용.

셋째, 헤겔의 변증법에서, 어떤 사물이 존재할 조건이 되는 일. 모든 사물이 따로 독립하여 존재하는 것이 아니고 타자(他者)와의 **관계** 속에서 존재한다고 본 것.

⑴ 매개의 의미에 따른 '매개어'에는 다양한 종류가 있다

첫째, 어떤 것을 설명하여 이해를 돕는 것이 있다. 이는 참값(바른 이해)에 따른 설명을 한다면 참(바르게)이 되지만 참값을 따르지 못하는 설명은 오류 혹은 거짓이 되기도 한다. 누군가의 설명이 참값(바른 이해)이라면 이치에 맞는 것이 되지만, 만일 누군가에 의해 참값(바른 이해)에 근거한다고 생각했는데 참값의 설명이 오류가 난다면, 그것이 이치에 맞지 않기에 조리에 맞다고 하질 않고 부조리라 부르게 된다. 이러한 참값(바른 이해)에 근거한다고 설명한 부조리의 행위가 공동체에서 오류가 났을 때, 설명한 자가 오류를 통해 이익을 얻어간다면 그것을 우리는 '사기'라 한다. 그러나 자기 기준이 불명확하여 오류가 났다면, 그것은 오류를 발생시킨 자가 자기 자신에 대하여 '자기를 바로 보지 못하는 자'이면서 자기 기준이 바로 선 것으로 착각하여 스스로가 다 아는 것처럼 행위를 했기에 발생한 것이다. 왜냐하면 자신을 모른다는 것은 '자기를 바로 보지 못한 자'가 된다. 그러므로 '자기를 바로 보지 못한 자'로서 스스로가 기준을 정확히 세우지도 못한 채 설명하거

나 판단하였기에 설명과 판단에 오류가 발생할 수 있음을 알려주고 있다.

둘째, 의미 없이 공허한 말이다. 이는 언어에 참과 거짓이 없는 것으로 옳고 그름의 기준이 아닌 다만 대화를 통해 주변의 분위기를 편안하게 형성해주는 것을 말한다. 그러나 상대에 따라선 이러한 대화가 시간 낭비와 같은 느낌을 받을 수 있는 시간이 될 수도 있다. 엄밀히 말하면 공허한 말이란 결국 현재의 삶에서 자신과 상대에게 가치나 의미가 끼어들 수 없는 무책임한 언어 작업이 될 수도 있는 것이다.

루소는 『고독한 산책자의 몽상』 「네번째 산책」에서 '타인이나 자신에게 해를 끼치지 않는 거짓말'을 '허구'라고 한다. 또한 '허구'는 '의미없이 공허한 말'로 표현하고 있다.

셋째, 전적으로 자신의 이익을 위해 상대를 철저히 속이는 언어를 구사하는 것이다. 이러한 언어는 상대의 약한 부분을 이용하여 자신의 이익을 챙기는 교언(巧言: 교묘한 말)을 구사하는 것이자, 자신의 이익을 위해 상대에게 환심을 사려는 언어를 구사하는 작업이다. 이를 과대포장, 과대선전(광고), 달콤한 거짓말, 계획적인 속임수인 '사기' 등을 바탕으로 이익을 추구하는 태도로 구별될 수 있다.

넷째, '의성어'나 '의태어'이다. '의성어'는 사람이나 사물의 소리를 흉내 낸 말이다. 예를 들면 꿀꿀, 멍멍, 야옹 등의 언어이다. '의태어'는 사람이나 사물의 모양이나 움직임을 흉내 낸 말이다. 예를 들면 아장아장, 엉금엉금, 번쩍번쩍 등의 언어이다. 이들 언어는 상대에게 구체적인 상황을 전달하기 위해 설명을 위해 필요한 언어이기도 하다.

특히 셋째의 사례는 이치(理致)에 어긋나도록 하여 이치를 전달하는 것보다 거짓과 오류를 발생하는 정보를 전달하는 것이다. 이러한 언행은 누군가가 **자신의 이익과 편안함**을 얻기 위해 상대에게 올바른 판단을 이끌도록 하는 것보다 자신에게 이익이 우선되는 결정을 유도하기 위한 것이 된다. 여기서 말하는 **자신의 이익**이 우선이라는 표현은 자신의 언행이 상호이익을 위한 자리이타의 관점보다는 자기 이익만을 위한 작업으로 인해 상대를 속이려 하는 태도에서 출발한 것이다. 이러한 태도에서 드러나는 언어는 언제나 **바름에 의지하는 언어(正言)**가 되지 못하는 것이다.

7. 거짓말

'그것은 인간과 짐승의 경계이다.'

거짓이란 의미는 두 가지 개념으로 정의될 수 있다.
하나는 사실과 어긋난 것. 또는 사실이 아닌 것을 사실처럼 꾸민 것이고, 또 다른 하나는 이치(二値: **참과 거짓**) 논리에서 진릿값의 하나로서 명제가 진리가 아닌 거짓이다.

거짓이 지닌 언어 의미에서 거짓말은 첫째는 자신을 속이는 것이고, 둘째는 상대를 속이는 것이며, 셋째는 공동체를 속이는 것이 된다. 그러므로 거짓말이란 화자(話者)로 하여금 자신의 양심을 지키지 못하는 것이며, 상대에게 진실함을 보이지 않는 것이 되다 보니 스스로가 혼란스럽고 타인과의 관계도 바람직하지 않기 때문에 공동체 혼란을 가속화시키는 도구라 할 수 있다. 이러한 불합리한 도구로 이용되는 요소로 헛소리와 공갈 그리고 사족이란 표현으로 말할 수 있는 일반적인 거짓말들도 있다.

(가) 일반적인 거짓말

① 헛소리와 공갈

우선 헛소리부터 알아보자. 헛소리의 사전적 의미를 살펴보면 다음과 같다.

> 첫째. 실속이 없고 미덥지 아니한 말.
> 둘째. 잠결이나 술김에 하는 말.
> 셋째. 앓는 사람이 정신을 잃고 중얼거리는 말.

헛소리는 이처럼 세 가지로 표현하고 있으며 헛소리와 비슷한 단어로 개소리, 군소리, 빈말이 있다고 한다. 여기서 개소리는 허튼소리 혹은 횡설수설하는 것으로 '아무렇게나 지껄이는 조리(條理: 글이나 말 등의 앞뒤가 들어맞고 체계가 서는 갈피) 없고 당치 않은 말을 비속하게 이르는 말'을 이른다. 또한 군소리라는 것은 신음이나 잠꼬대 같은 것으로 '하지 아니하여도 좋을 쓸데없는 말'을 이른다. 그리고 빈말이란 공수표, 공염불같이 '실속 없이 헛된말'을 이르는 것이라 한다. 따라서 헛소리란 내용이 없는 소리란 뜻이 된다.

다음은 공갈(恐喝: 윽박지르며 을러대는 것)에 대해 알아보자.

공갈은 거짓말과 같은 의미를 지닌 것으로 속어(俗語: 일반 대중에게 널리 통용되면서도 정통어법에서는 벗어난 비속한 언어로 slang이라 할 수 있는 것)에 해당한다. 공갈의 사전적 의미는 다음과 같다.

> 첫째. 공포를 느끼도록 윽박지르며 을러댐.
> 둘째. '거짓말'을 속되게 이르는 말.
> 셋째. 재산상의 불법적인 이익을 얻기 위하여 다른 사람을 협박하는 일.

공갈은 대화 상대자에게 거짓말로 인해 두려운 감정을 발생시키기 때문에 공갈협박죄에 해당할 수도 있는 것이다. 즉 헛소리와 공갈에 대한 결과적 의미는 헛소리는 거짓말은 아니나 다만 언어 중 일상생활에 없어도 되는 무의미한 언어라 할 수 있다. 공갈은 거짓말로서 대화의 상대자에게 어떤 것을 얻기 위한 수단 혹은 방법으로 이용되고 있는 의도적인 거짓말을 이용한 겁박하는 행위를 행할 때 사용하는 언어가 된다. 그러므로 거짓말이 대화의 상대자를 향한 공포감이 스며들 정도의 언어가 된다면 그것은 강압, 협박이 될 수 있기에 범죄가 성립한다.

② 사족

사족(蛇足)은 화사첨족(畵蛇添足: 뱀을 다 그리고 나서 있지도 아니한 발을 덧붙여 그려 넣는다는 뜻)의 의미이다. 이는 '중국 초나라의 한 제사를 맡은 사람이 임금을 모시는 시종들에게 술을 주려고 했으나 술이 부족하였다. 그래서 한 사람이 제안하여 땅에 뱀을 먼저 그린 사람에게 술을 주기로 했다. 한 시종이 뱀을 그린 후, 다른 시종이 그 뱀 그림에 발까지 그렸다는 이유로 술을 받지 못하게 된다.'는 이야기에서 나온 글이다. 쓸데없는 행위를 말하는 것으로 언어적으로는 군더더기, 군소리라 할 수 있다. 사족의 의미를 군소리의 언어개념으로 살펴보면 다음과 같다.

> 첫째. 하지 아니하여도 좋을 쓸데없는 말.
> 둘째. 잠이 들었을 때 꿈결에 하는 말.
> 셋째. 몹시 앓을 때 정신없이 하는 말.

이러한 군소리에 대한 비슷한 용어로는 군말, 신음, 잠꼬대, **헛소리** 같은 것이 있다.

(나) 피노키오

이탈리아의 작가 카를로 콜로디의 소설이다. 세계적으로 유명한 동화 중 하나로 이탈리아 아동 문학의 걸작 중 하나이다. 유네스코 자료에 따르면, 이 책은 전 세계적으로 260개의 언어로 번역

되어 세계에서 가장 많이 번역된 책 중 하나이며, 가장 많이 번역된 이탈리아어 책이기도 하다.

콜로디가 로마 지역 어린이 신문에 피노키오를 연재하면서 원고료를 지급 받지 못하자 콜로디가 홧김에 피노키오가 강도에 의해 나무에 매달려 죽게 되는 잔혹한 내용의 결말로 완결했던 것으로 유명하다. 금화를 땅속에 묻으면 몇 배로 불어난다는 거짓말에 속은 피노키오가 금화를 땅속에 묻기 위해 길을 가다가, 여우와 돼지에게 칼에 찔리지만, 피노키오는 아무런 상처도 입지 않았다. 결국 여우와 돼지는 피노키오를 목매달아 죽여서 피노키오의 이야기가 끝난다. 작가는 신문사에서 자신에게 주기로 한 원고료가 밀리자 원고를 작성하는 것을 그만둔 것이다.

이러한 결과는 현실 속에서 작가와 신문사의 행동이 자리이타적인 상호관계가 잘 이루어지질 않은 것에 의해 발생한 것이다. 작가 입장에서는 신문사의 **진실하지 못한(거짓)** 처신을 비판한 결과이고, 신문사 입장에서는 작가를 **이해시키지 못한 결과**로 발생한 것이 된다. 작가와 신문사 간의 소통이 일방적인 요구에서 비롯된 것이 아니라면 두 곳의 요구가 지나침이 있었다는 것으로 볼 수 있을 것이다.

작가 콜로디는 다만, 피노키오를 죽이는 결말 후 여러 독자의 항의와 담당 편집자의 설득 및 신문사에서 밀린 원고료를 지급하면서 결말 내용을 다시 수정하여, 피노키오가 요정의 도움을 받아 부활한 후, 사람이 되는 해피엔딩으로 완결하였다.

줄거리가 해피엔딩으로 끝나는 결과는 현실 속에서 작가와 신문사의 행동이 자리이타적인 상호관계가 잘 이루어진 결과로 볼 수 있다.

이 이야기를 살펴보면 토스카나의 유명한 목수 안토니오가 식탁 다리를 만들기 위해 잣나무 토막을 주워 왔는데 나무를 깎기 시작하자 나무토막이 마구 떠들어 댔다는 장면이 있다. 잣나무의 의인화가 된 최초의 장면이다. 일종의 인간이 세상에 나타나기 전의 상태인 거죠. 그 후 의인화된 잣나무는 제페토 할아버지에게 넘어가 목각인형으로 탄생한다. 그러나 목각인형으로 태어난 피노키오는 두 발로 걷고 말도 사용할 줄 아는 사람과 같은 모습으로 주위 사람들에게 인정을 받게 된다. 의인화로 인해 말하는 잣나무로 태어나 목각인형이 되어 다양한 경험을 하고서 인간이 되었다는 동화의 이야기를 살펴보면,

① 피노키오의 출생
옛날 옛적에 말하는 나뭇가지가 있었다. (**거짓 또는 상상**)

② 제페토 노인의 '개미들에게 산수를 가르치고 있네,'라는 문장. (**거짓 또는 상상**)
장차 피노키오가 될 나무로 인해 사실을 왜곡한 의미로 '**거짓말쟁이**'라는 단어가 드러남.

③ 나무 인형 피노키오의 출현으로 잦은 부조리(**거짓된 행위**)가 발생함. 대중이 제페토 노인에 대해 나쁜 노인이라 말들을 하자 헌병이 제페토 노인을 교도소로 끌고 감. 이와 반대로 피노키오는 자유를 얻게 됨.

④ 피노키오의 귀뚜라미와의 대화[도리(道理)에 맞는 행위를 요청함]
- 귀뚜라미의 중요한 진실 하나. "부모님께 반항하고 제멋대로 집을 떠나는 아이들은 불행해진단다! 이 세상 어디에서도 잘 지낼 수 없고, 언젠가는 마음 아픈 후회를 하게 되지."
- 피노키오의 적성에 맞는 직업(**방탕한 삶, 즉 제멋대로 사는 삶의 결말은 좋지 않다.**)

피노키오의 말 "먹고, 마시고, 자고, 재미있게 놀고, 하루 종일 즐겁게 세상을 돌아다니는 직업이지."이에 대한 귀뚜라미의 대답 "네 말대로 그런 식으로 사는 사람들은 결국 병원이나 교도소 신세를 지게 돼." 피노키오의 망치 사건으로 귀뚜라미는 죽게 됨.

⑤ 달걀에서 병아리가 태어남
- 세상은 의도하지 않은 일들이 발생할 수 있음을 보여줌.

⑥ 어느 집 종을 쳤으나 자신의 의도와는 다르게 물벼락을 맞음.
- 세상은 자신만이 중심이 아닌 다른 사람의 중심이 될 수도 있음을 보여줌.

⑦ 제페토 할아버지의 이야기
- "이 세상을 살아가려면 어릴 때부터 무엇이든 잘 먹는 습관을 길러야 해, 살면서 어떤 일이 일어날지 모르니까 말이야. 정말 온갖 일들이 생긴단다!"(**좋은 습관이 미래에 좋은 영향을 줄 것이다.**)
- 피노키오가 배를 먹고 씨가 있는 찌꺼기를 버리려 하자 "버리지 마라. 이 세상에 있는 모든 것은 쓸모가 있을 수 있으니까." (**모**

든 만물에는 각자의 용처가 있음을 알아, 각자 자신의 소명을 알도록 하자.)

- "그것 봐라. 너무 까다롭고 예민하게 굴면 안 된다고 한 내 말이 맞지? 사랑하는 아들아, 이 세상을 살다 보면 무슨 일이 일어날지 절대로 알 수 없단다. 정말 온갖 일이 다 일어난단다!"(언제든 모든 상황에 대처할 수 있는 두려움이 없는 자신을 만들어가자.)

⑧ 제페토 할아버지의 고민(있는 사실 그대로 대처하는 것이 용기이다.)

- "모든 아이들이 뭔가를 얻어내고 싶을 때면 약속을 한다는 이야기를 반복하지."(욕심에서 비롯된 이기심은 결국 잘 안 지켜진다는 것)
- 가난, 진짜 가난은 그게 무엇인지 누구나 알 수 있거든요. 아이들이라 해도 말이에요. (사실은 사실대로 드러내야 한다는 것)

⑨ 피노키오는 인형극을 보기 위해 새 책을 팔다(결국 이기심은 또 다른 이기심을 부른다.).

- 유혹은 언제나 현실을 잊게 만들고, 거짓을 생산하게 한다.

⑩ 인형 극장에서의 피노키오
- 한 번의 잘못은 또 다른 잘못을 발생하게 한다(사람들은 이것을 본성이라고 착각을 한다.).

⑪ 인형 조종사 불 먹는 사람
- 사람들은 보통 다른 사람이 불쌍하게 느껴질 때면 눈물을 흘리거나 적어도 눈물을 훔치는 척이라도 할 거예요. (다른 사람을 위

해 하얀 거짓말이라도 해야 한다고 주장한다.)

- 이와 달리 불 먹는 사람은 재채기를 하는 독특한 버릇이 있었어요. 다른 사람들과는 전혀 다른 방식으로 민감한 마음의 변화를 드러냈지요. 모두를 감동시키는 것 혹은 모두를 대신하여 자신을 희생하는 것은 훌륭한 일이에요. (자신의 참다운 모습을 드러낼 줄 알아야 한다.)

⑫ 불 먹는 사람은 금화 다섯 개를 아빠 제페토에게 가져다 드리라며 선물한다. (재물은 도둑을 부르게 된다.)

- 다리 한쪽을 절룩거리는 여우와 두 눈이 모두 먼 고양이를 만나다. 여우와 고양이는 불행을 함께 겪는 좋은 친구로서 서로 도우면서 여기저기를 돌아다니고 있었어요. 다리를 저는 여우는 고양이에게 기대어 걸었고, 눈먼 고양이는 여우의 손에 이끌려 걸었어요.

- 그러나 피노키오가 금화 다섯 개를 보이자 '여우는 자기도 모르게 마비된 것처럼 보이는 다리를 길게 뻗었고, 고양이는 녹색등처럼 보이는 두 눈을 부릅떴어요. 그러나 곧 다시 두 눈을 감았지요.' (재물 앞에 드러나는 욕심)

- 정직한 지빠귀!

"피노키오, 나쁜 친구들이 하는 충고에 귀를 기울이지 마, 안 그러면 후회할 거야!"

불쌍한 지빠귀! 그 말은 절대로 하지 말았어야 했어요! 고양이가 펄쩍 뛰어올라 지빠귀를 덮치더니 '아야!' 하고 소리칠 틈조차 주지 않고 한입에 꿀꺽 삼켜버렸거든요. 깃털까지 몽땅 말이에요.

(바른 소리하는 자들에 대해 늘 비아냥거리고 죽이려는 탐욕이 주변엔 항상 존재한다는 것) 지빠귀를 다 먹고 입을 쓱쓱 닦아 낸 고양이는 다시 눈을 감더니 처음처럼 장님 행세를 하기 시작했어요.

"불쌍한 지빠귀!"

피노키오가 고양이에게 말했어요.

"왜 지빠귀에게 그런 나쁜 짓을 한 거니?"

"교훈을 주기 위해서지. 그래야 다음번에는 다른 사람들의 대화에 주둥이를 밀어 넣지 말아야 한다는 걸 배울 거 아니니?" **(사람들 사회도 고양이같은 자들이 많이 있다.)**

- 여우와 고양이의 거짓말

금화 다섯 개로 2,500개의 금화를 만드는 법을 가르쳐주다. **(재물을 탐하는 자가 꼬드기는 방식은 언제나 같다.)**

"멍청이 마을에는 모두들 기적의 밭이라고 부르는 축복받은 밭이 있어. 예를 들어 네가 그 밭에 작은 구덩이를 파고 금화 한 개를 묻는 거야. 그다음에 흙을 조금 뿌려 구덩이를 다시 메우고, 우물물 두 통을 길어 와서 물을 주고, 그 위에 소금을 한 줌 뿌려 둔 뒤, 저녁이 되면 마음 편하게 잠자리에 드는 거야. 그러면 밤사이에 금화가 싹을 틔우고 꽃을 피워. 다음 날 아침에 일어나서 다시 밭으로 가면 뭐가 보일까? 바로 6월의 커다란 이삭에 매달린 수많은 낟알처럼 금화들이 주렁주렁 매달린 멋진 나무가 보일 거야." **(사기와 속임수는 늘 이런 것이다.)**

- 욕심은 거짓에 속아 넘어가는 것으로 발동되기도 한다. **(일상 속에서 많이들 겪는 경험이다.)**

⑬ 빨간 가재 여관

\- 여관의 주인과 여우와 고양이는 한패인 이들에게 속는 것은 욕심으로 인한 것.

거짓말은 욕심을 먹고 산다. 이러한 욕심은 사람들이 바르지 못한 상태를 유지할 때 자주 발생한다. 그러나 피노키오는 목각인형으로 태어나 거짓말을 하지 않게 되자 사람이 된다. 이는 좋은 것일까? 아마 피노키오의 정직함이 사람이 되는 기회를 얻게 되었지만, 사람이 된 피노키오는 정직함을 유지하기보다 거짓말을 뻔뻔하게 잘할 수 있는 기회를 얻게 된 것은 아닐까? 피노키오를 읽으면서 아마 사람들은 정직은 바보, 천치들의 유물이라 생각하면서 잘 속이는 자들이 똑똑한 이들이라고 생각할 것이다. 하느님이 소돔과 고모라를 멸망시키기 전에 찾던 정직한 사람은 과연 오늘날에 있을까? 소돔과 고모라 시대와 마찬가지로 지금의 사람들은 얼마나 자신이 정직한 사람이라고 생각할까? 아마 이 질문을 비웃는 자들이 많은 세상일 것이다. 그래서 지금의 시대를 말세(末世: 정치·도덕·풍속 등이 아주 쇠퇴한 시대)라 부르는 것이다.

⑷ 양치기 소년

이솝우화 중 하나인 「양치기 소년과 늑대」이야기에서 소년이 반복적으로 거짓말을 하다가 결국 마을 사람들에게 믿음을 잃고, 실제 위기에 처했을 때 도움을 받지 못하는 상황이 펼쳐지게 된다. 이 이야기가 공동체에 미치는 영향을 살펴보면 다음과 같이 정리할 수 있다.

첫째, 신뢰의 붕괴: 공동체에서 신뢰는 매우 중요한 요소이다. 반복적인 거짓말은 사람들 사이의 신뢰를 깨뜨리고, 결과적으로 협력과 지원이 어려워지게 한다.

둘째, 경계심 증가: 공동체 구성원들은 거짓말을 경험한 이후 모든 경고나 요청을 의심할 가능성이 커지게 된다. 이는 실제 위기 상황에서 대응 속도를 늦출 수 있다.

셋째, 사회적 책임의 중요성: 공동체에서는 개인의 행동이 전체 구성원에게 영향을 미친다. 양치기 소년의 행동은 개인의 책임이 공동체의 안전과 직접적으로 연결되어 있음을 보여주는 사례이다.

넷째, 진실성의 가치 강화: 정직한 커뮤니케이션이 중요하다는 교훈을 주고 있다. 공동체는 거짓말이 초래할 수 있는 부정적 결과를 인식하고, 신뢰를 유지하려는 노력이 필요하다.

이 이야기는 거짓말로 인한 단순한 교훈이 아니라, 공동체에서 신뢰와 책임이 얼마나 중요한지를 일깨워 주는 강력한 사례가 된다.

⑷ 역사 속 거짓말

(1) 역사 속에서 거짓말이 국가의 붕괴를 초래한 사례

여러 가지가 있다. 주로 거짓 정보, 조작된 역사, 정치적 선전 등이 국가의 운명을 바꾼 경우가 많이 있다.

첫째, 정치적 조작과 선전: 역사적으로 많은 지도자들이 권력을 유지하기 위해 거짓 정보를 많이 활용했다. 예를 들어, 아케메네스 제국의 세 번째 샤한샤인 다리우스 왕은 자신의 정통성을 강화하기 위해 왕위 계승에 대한 거짓말을 했다고 알려져 있다.

둘째, 전쟁과 정보 조작: 전쟁에서 거짓 정보는 중요한 역할을 한다. 갈리아 전쟁 당시 로마의 율리우스 카이사르는 전쟁 보고서에서 실제보다 과장된 숫자를 사용하여 자신의 군사적 업적을 부풀렸다고 한다.

셋째, 사회적 혼란과 거짓 선전: 국가가 내부적으로 불안정할 때, 거짓 정보는 사회적 혼란을 가중시킬 수 있다. 예를 들어, 엘리트 내부의 갈등이 정치적 불안정을 초래하고 결국 국가 붕괴로 이어지는 경우가 많았다.

이처럼 거짓말은 단순한 개인적 문제가 아니라, 국가의 운명을 좌우할 수 있는 중요한 요소가 된다. 오늘날에도 가짜 뉴스와 정보 조작이 사회에 미치는 영향을 보면, 역사의 교훈이 여전히 유효하다는 것을 알 수 있다.

(2) 역사 속에서 거짓이 국가의 운명을 바꾼 사례

그중 몇 가지 흥미로운 사례를 살펴보도록 한다.

첫째, 그리스 경제 위기: 그리스는 유로존 가입 당시 경제 상황을 실제보다 좋게 보이도록 조작했고, 이후 재정 위기가 심화되면서 국가 부도 위기에 처한 사건.

둘째, 로마 제국의 쇠망: 로마의 지도자들은 경제적 문제를 숨기거나 과장했고, 정치적 부패가 만연하면서 국가의 기반이 흔들렸던 사건.

셋째, 김일성 사망설(1986년): 북한 주석 김일성이 사망했다는 거짓 정보가 퍼지면서 국제적으로 큰 혼란이 발생했지만, 결국 오보로 판명된 사건.

넷째, 세계사를 뒤바꾼 가짜 뉴스: 역사적으로 거짓 정보가 대중을 현혹시켜 중요한 사건을 바꾼 사례가 많이 있다. 예를 들어, 특정 정치적 목적을 위해 조작된 뉴스가 국가의 정책을 변화시키기도 한 사례들이 있다. 이처럼 거짓 정보는 국가의 운명을 좌우할 수 있는 강력한 요소가 될 수 있다.

(3) 대한제국의 멸망은 여러 가지 요인이 복합적으로 작용한 결과

그러나 당시 부패한 기득권층의 거짓과 기만도 대한제국의 멸망에 중요한 역할을 했다. 대한제국은 1897년 고종이 조선을 대한제국으로 개편하면서 시작되었지만, 내부적으로는 정치적 혼란과 외부적으로는 일본의 압박이 심화되었다.

당시 기득권층은 백성들에게 국가의 독립과 자주성을 유지할 수 있다고 주장했지만, 실제로는 일본과의 협상 과정에서 많은 부분을 양보하고 있었다. 특히 1905년 을사늑약을 체결하면서 대한제국의 외교권을 일본에 넘겼고, 이는 사실상 국가의 주권을 상실하는 결과를 초래했다. 백성들은 정부가 독립을 유지할 것이라는 부패한 기득권층의 말을 믿었지만, 결국 일본의 지배 아래 놓이게 되었다.

이러한 거짓말의 대가는 매우 컸다. 백성들은 정부에 대한 신뢰를 잃었고, 이후 의병 운동과 같은 저항이 일어났지만, 국가적 힘이 부족하여 일본의 식민지화 과정을 막을 수 없었다. 또한, 기득권층의 일부(부패한 기득권)는 일본과 협력하여 권력을 유지하려 했고, 이는 사회적 분열을 초래했다. 결국 대한제국은 1910년 한일병합조약을 통해 공식적으로 일본의 식민지가 되었으며, 백성들은 부패한 기득권층의 거짓말 대가로 인해 35년간의 식민 지배를 견뎌야 했다.

(4) 도산 안창호 선생은 거짓말을 망국의 원인으로 보았다

도산 안창호 선생은 정직을 가장 중요한 가치로 삼았다. 그는 "아아 거짓이여, 너는 내 나라를 죽인 원수로구나. 내 평생에 죽어도 거짓말을 하지 아니하리라."라고 말할 정도로 거짓을 강하게 비판했다.

특히, 그는 농담으로라도 거짓말을 하지 말라고 강조하며, 꿈속에서라도 성실을 잃었으면 뼈저리게 뉘우쳐야 한다고 가르쳤다. 이러한 신념은 그의 독립운동과 교육 활동에도 그대로 반영되었다. 예를 들어, 미국 유학 당시 나이를 속이면 입학할 수 있었지만, 그는 정직을 택하고 입학을 포기했다.

도산 선생은 거짓이 만연하면 사회가 불신으로 가득 차고, 결국 국가가 쇠퇴한다고 믿었다. 그의 철학은 오늘날 대한민국에도 중요한 교훈을 주며, 정직한 사회를 만드는 것이 국가 발전의 핵심임을 보여주고 있다.

⒨ 종교 속에서의 거짓말

(1) 구약성서에 나타난 거짓말

구약 성경에서 거짓말과 관련된 이야기가 몇 가지 있다. 그중 하나는 아브라함(Abraham)과 이삭의 이야기이다. 아브라함은 구약성경에서 믿음의 조상으로 여겨지며, 그의 이야기는 하나님의 약속과 구원의 역사를 보여준다.

▶ 아브라함의 거짓말: 아브라함은 가나안 땅으로 이동했다. 그러나 가뭄이 심해지자 그는 자신의 아내를 자기 목숨을 위해 누이라고 거짓말했다. 이는 죽음으로 인한 두려움과 인간의 연약함으로 그렇게 했다고 한다. 이로 인해 애굽의 바로가 그를 취하여 맞

이했다(창세기 12:11-13).

하나님은 바로의 집에 큰 재앙을 내리자 바로는 아브라함의 거짓말 결과임을 알고 아내를 돌려보냈다. 여기서 정직은 신뢰를 형성하는 핵심 요소이며, 거짓말은 관계를 깨뜨릴 수 있는 것임을 알 수 있다. 성경에 따르면 하나님은 아브라함을 통해 자기에게 복의 근원이 되게 하신 것은 **자기가 잘나서(거짓말을 통해서)** 그런 것이 아니라는 것을 깨닫게 했다. 아브라함의 거짓말은 하나님의 **구원(정직을 드러내는 작업)** 역사를 통해 이루어졌으며, 하나님의 약속은 사람에 의해 중단되지 않았다.

▶ 메시아의 예언: 구약 성경에는 예수님의 성취에 대한 예언이 많이 있다. 예를 들면 창세기 3:15에서 여자의 후손으로 태어날 것이 예언되었다. 이러한 예언들은 예수님의 부활과 구원 역사와 연결되며, **하나님의 약속(죄와 고통이 없는 완전한 세계)**은 결코 무효화되지 않는다.

하나님의 약속과 **구원 역사(인류를 죄에서 구원하고 하나님과의 관계를 회복하는 과정)**를 통해 우리는 거짓말(부정적인 관계를 발생하는 것) 과 믿음의 중요성을 배울 수 있었다. 어떤 상황에서도 하나님을 믿고 그의 뜻을 따르는 것(**완전하고 절대적인 善과 義의 실행**)이 중요하다. 구약 성경에는 여러 거짓말과 관련된 이야기가 있다. 예를 들면 다음과 같은 이야기들이 있다.

▶ 다윗과 바스바(밧세바): 다윗은 이스라엘 왕으로 잘 알려져 있

다. 그러나 그는 바스바라는 여자와 불륜 관계를 가졌다. 그는 그녀의 남편을 전쟁터 최전방에 배치하여 죽게 하였고, 그 후 그녀와 결혼했다. 이 사건은 다윗의 삶에서 큰 스캔들이었다(사무엘하 11장).

하나님은 다윗을 징계(**권력의 오용의 결과는 둘사이 첫아이를 병사하게 하였으며, 가정은 여러 비극과 갈등을 겪게 된다**)했지만, 그는 후에 회개하고 하나님의 은혜(**솔로몬 왕을 자식으로 얻게 함**)를 받았다.

▶ 아나니아와 사바(삽비라): 아나니아와 그의 아내 사바는 예수님의 제자들 중 하나였다. 그들은 자신들이 부동산을 팔고 모든 돈을 기부했다고 주장했다. 그러나 실제로는 일부 돈을 숨겼다. 아나니아와 사바는 하나님 앞에서 거짓말[**하나님의 뜻(성령)을 거스른 것: 공동체의 신뢰를 깨뜨린 것**]을 하고, 그 결과로 죽음을 당했다 (사도행전 5장).

이러한 이야기들은 우리에게 거짓말의 결과와 하나님의 은혜(**철저한 회개를 통한 새로운 사람으로 재탄생함으로 얻는 것**)를 배울 수 있는 기회를 제공한다. 믿음과 진실을 중요시하며, 우리는 **하나님의 도[절대적 선(善)과 절대적 의(義)]**를 따르는 삶을 살아가야 함을 보여준 것이다.

거짓말에 대한 성경적 교훈은 다양한 이야기와 원칙을 통해 제시된다. 성경에서 거짓말과 관련된 몇 가지 교훈을 좀 더 살펴보겠다.

▶ 뱀의 거짓말: 창세기 3장에서 뱀은 여자에게 거짓말을 하며 인간을 유혹했다. 그러나 이 거짓말은 하나님의 계획을 방해하지 못했다. 거짓말은 의도와 목적에 따라 판단되는데, 뱀의 의도는 인간을 미혹시키고 하나님의 사랑을 의심하게 만드는 것이었다. 이는 인간과 하나님 사이의 갈등과 부조화를 일으키는 불신의 행위를 일으킨 것이다.

▶ 아브라함의 거짓말: 창세기 12장에서 아브라함은 자신을 위해 거짓말했다. 그 결과로 바로의 호의를 얻었지만 아내를 빼앗기는 위기를 초래했다. 거짓말은 두려움에서 비롯될 수 있지만, 두려움을 극복하고 절대적 선(善)과 절대적 의(義)인 공의(公義)의 하나님을 믿는 신념이 중요함을 드러낸 것이다.

▶ 야곱의 거짓말: 창세기 27장에서 야곱은 형제인 '에서'의 복을 가로채기 위해 어머니 리브가와 함께 아버지에게 거짓말을 했다. 그 결과로 집을 떠나야 했고, 오랜 세월 동안 고난을 겪었다. 거짓말은 자신의 이익을 위해 다른 사람을 속이려는 욕망에서 비롯된 것이다.

▶ 사울의 거짓말: 사무엘상 15장에서 사울은 하나님 앞에서 거짓말을 하며 자신의 불순종을 미화했다. 하나님이 사울에게 아말렉을 완전히 멸하라고 명령하셨지만, 사울은 공의의 판단 보다 자기 중심적인 사적 판단을 함으로써 하나님께 불순종과 거짓된 행동을 하였다. 그 결과 왕권을 잃고 비극적인 최후를 맞이하게 된

다. 왜냐하면 거짓말은 하나님의 눈에 악으로 여겨졌기 때문이다.

▶ 라합의 거짓말(라합의 거짓말은 공의(公義)의 거짓말 형태로 신학적 논의를 일으키는 사건이다.)

라합은 여러 사람들을 위해 거짓말(여호수아 2장에서 라합은 이스라엘의 정탐꾼을 숨기고, 여리고 왕의 군사들에게 그들이 이미 떠났다고 거짓말을 한다.)을 했다. 그러나 그녀는 하나님을 경외하며 생명을 구했다.(하나님의 백성을 보호하려는 믿음의 행동으로 해석, 마치 대한민국이 혼란할 때 학생들이 저항하며 데모를 하는 데 경찰과 군인이 와서 잡으려 할 때 시민들이 숨겨주는 행위와 같은 것 아닐까?)

성경은 거짓말을 악하게 여기며, 진리와 정직을 중요시한다. (하나님은 절대적 선(善)이자 절대적 의(義)라 하였듯이 라합의 행동은 자신의 이익이 아닌 하나님의 뜻인 공의(公義)를 대변하는 믿음으로 본 것이다.) 우리는 항상 진실을 말하고 다른 사람들을 속이지 않는 것이 중요하다.[이때의 진실과 속이지 않음은 절대적 선(善)과 절대적 의(義)를 따르는 거짓의 형식을 지닌 선(善)과 의(義)로 봐야 할 것이다.]

(2) 불교에 나타난 거짓말

불교에서 거짓말은 중요한 윤리적 측면을 다루는 주제 중 하나이다. 불교는 진실과 근거 없는 말을 구별하고, 거짓말을 피해야 한다고 가르치고 있다. 여러 가지 관점에서 불교의 거짓말에 대해 알아보도록 하자.

▶ 발설지옥(發說地獄): 이곳은 거짓말을 심판하는 지옥이다. 망어(妄語, 거짓말)는 불교에서 악업으로 간주된다. 망어(妄語, 거짓말)를 하는 자는 발설지옥에서 형벌을 받는데, 이곳은 입과 혀로 지은 죄를 심판받는 곳으로, 죄인은 형틀에 매달려 혀가 길게 뽑힌 채 고통을 겪는다고 한다. 이는 말의 힘과 책임을 강조하는 개념으로, 거짓말이 단순한 실수가 아니라 상대에게 도덕적이고 영적인 영향을 미치는 행위이자 공동체에 갈등을 일으키는 부도덕한 행위임을 보여준다.

▶ 부처님의 가르침: 부처님은 거짓말을 하지 말라고 가르쳤다. 거짓말은 액면 그대로 진실이 아닌 말을 하는 것이다. 불교의 5계 [五戒: 살생하지 마라. 투도(偸盜: 도적질)하지 마라. 사음(邪淫: 마음이 사악하고 음탕함)하지 마라. 망어(妄語, 거짓말)하지 마라. 음주(飮酒)하지 마라.]에 거짓말하지 말라는 조항이 있으며, 사람이 평생 다 사실과 진실을 말할 수는 없지만, 최대한 진실을 따르도록 노력해야 한다. (그러나 **평생을 거짓말하지 않으면 더욱 좋을 것이다.**)

▶ 거짓말의 결과: 불교에서 거짓말은 단순한 도덕적 문제를 넘어 업(業)을 쌓아 미래의 고통을 초래하는 행위로 간주된다. 반면에 거짓말이 아닌 방편으로써 대승불교가 행하는 중생을 위한 행위도 있다. 또한 진실과 근거 없는 말을 구별하고, 거짓말을 피해야 한다는 가르침을 전한다. 그러므로 정언(正言: **올바른 말을 하는 것**)을 하는 이는 타인을 해치지 않고, 조화를 이루는 말을 하는 것으로 간주된다. 반면에 거짓말은 자신과 다른 이들에게 해를 끼칠

수 있으므로, 진실을 따르는 것이 중요하다고 가르친다. 때로 거짓말은 타인 간의 갈등을 조장하기도 하고, 타인을 비방하거나 상처 주기도 하며, 아첨이나 과장된 표현으로 발전되게 되어, 화합을 깨기도 하고, 평온한 분위기를 망치게 되기도 한다. 이러한 거짓말은 누군가 권세를 믿고 행한다면 다른 사람을 지배하려는 오만한 태도로 나타나게 된다.

불교에서는 말의 힘이 크며, 언어가 업(業)을 형성하는 중요한 요소라고 가르친다. 따라서 정언(正言)을 실천하는 것은 깨달음과 수행의 중요한 과정으로 여기고 있다.

(3) 유교에 나타난 거짓말

한국의 거짓말 문화는 다양한 역사와 문화적 배경을 가지고 있다. 특히 유교 사상에서 거짓말에 대한 시각은 흥미로운 측면을 갖고 있다.

▶ 〈토끼전〉과 〈별주부전〉: 〈토끼전〉과 〈별주부전〉은 한국에서 전해지는 설화로, 삼국사기 김유신 열전과 같은 역사적 이야기를 기반으로 조선 후기에 판소리와 소설 형태로 전해졌다. 이러한 구두 전승의 문화는 한국인이 거짓말에 대한 시각을 엿볼 수 있게 한다. 이 이야기들은 거짓말을 통해 환락과 부귀를 얻으려는 사람들의 특성을 보여준다.

자라(별주부)의 거짓말 - 용왕의 병을 치료하기 위해 토끼의 간이 필요하다는 말을 듣고, 자라는 토끼를 속여 용궁으로 데려간다. 그는 토끼에게 용궁에서 벼슬을 줄 것이라고 거짓말하며, 토끼를 설득한다. (당시 지배층의 무능과 탐욕을 나타냄)

 토끼의 거짓말 - 용궁에 도착한 후, 토끼는 자신의 간을 육지에 두고 왔다고 속인다. 이는 목숨을 구하기 위한 기지(機智: 경우에 따라 재치 있게 대처하는 슬기)였으며, 결국 용왕을 속이고 다시 육지로 돌아간다. (생존을 위한 백성의 기지)

 이 이야기에서 거짓말은 단순한 기만이 아니라, 생존과 지혜의 상징으로 사용된다. 토끼는 자신의 목숨을 지키기 위해 기지를 발휘하며, 자라는 왕의 명령을 수행하기 위해 속임수를 쓴 것이다. 이러한 요소는 당시 사회를 풍자하는 역할도 했으며, 조선 후기의 정치적 상황과 연결된 해석도 가능하다. (당시 권력자의 부당한 요구와 백성의 희생을 상징함, 토끼는 기지를 발휘해 위기를 극복하며, 이는 억압된 현실 속에서 백성들이 생존을 위해 지혜를 발휘해야 한다는 교훈을 담고 있는 조선 후기 민중의 삶과 연결되는 우화이다.)

 이 우화를 통해 보는 조선 후기의 사회는 정상적인 것보다 비정상적인 것이 사회 전체를 뒤덮은 시대로 보인다. 왜냐하면 서로가 생존을 위해 거짓말이 생존의 도구가 되었다는 것은, 이미 조선 후기는 민중에게 신뢰를 상실한 기득권들의 부패상을 보여주는 모습이라 할 수 있다. 민중을 탓하기 전에 지배층의 타락이 결국 일제 35년(1910.8.29.~1945.8.15.)을 가져온 동기가 아닐까 생각해 본다.

▶ 유교 사회의 거짓말: 유교 사회에서는 상황에 따라 거짓말이 인생을 살아가는데 필요한 도구로 인식될 수 있었다.

예를 들어, 일반적으로 거짓말은 비도덕적인 행위로 간주되지만, 일부 상황에서는 임금을 위한 일이거나 가문을 일으키는 행위라면 거짓말이 용납되는 특성이 있었다. 이는 임금의 이익이나 가문의 이익을 위해서 거짓을 행하여도 된다는 것이다. 이러한 거짓의 행위는 민중의 신뢰를 상실하는 계기가 되어 민중으로부터 지지를 받지 못하는 가문과 국정운영이 되었을 것이다. 이러한 가문과 나라에 대해 민중이 불신으로 화답하게 되어, 당시 부패한 사회상은 민중의 저항을 불러일으킨 원인이 되었을 것이다.

▶ 꾀와 지혜: 〈토끼전〉에서 토끼는 처음에는 속았지만, 거짓말로 용왕을 꾀어 죽음의 위기를 모면하는 지혜로운 자로 인식된다. 이러한 이야기들은 우화이지만 당시의 사회는 거짓말이 단순한 행위를 넘어서 사기나 살해 음모의 수준으로 발전할 수 있다는 점을 보여준 것이다.

현재의 대한민국이 조선 후기 사회와 같은 상황이 되지 않으려면, 현대 사회에서는 거짓말을 최소화하고 정직한 사회를 만들기 위해 노력하는 것이 중요하다. 대한민국을 신뢰할 수 있는 사회로 만들어가는 지혜가 김영란법과 같은 법률이 아닐까? 이 법률은 공직자와 시민 모두에게 정직한 행동을 촉진하고 부패를 막기 위한 중요한 도구이자 꾀주머니로 보인다.

(4) 도교(도가)에 나타난 거짓말

도교에서 거짓말은 부정적인 행위로 간주되며, 여러 경전과 이야기에서 거짓말의 해로움을 강조하는 사례가 있다. 다음에서 몇 가지 사례들을 통해 살펴볼 수 있다.

▶ 장자(莊子)의 이야기: 장자(莊子)는 도교의 중요한 철학자 중 한 명으로, 그의 저서에서 거짓말의 해로움을 여러 차례 언급한다. 예를 들어, 장자는 진실을 왜곡하는 거짓말이 사람들 사이의 신뢰를 깨뜨리고, 사회의 조화를 해친다고 경고한다.

장자에 있어서 거짓말은 속임수가 아닌 현실과 언어의 불일치, 즉 다름이 아닌 차이인 오류의 개념으로 보기 때문에, 언어가 현실을 왜곡하는 현상으로 보고 있다. 이러한 왜곡된 현상이 진실을 드러내지 못하는 사례들을 거짓말로 보고 있다. 이 거짓말은 자연스럽지 않은 인위적(人爲的)인 것으로 부자연(不自然)스러움으로 표현되고 있다.

▶ 도덕경(道德經): 노자(老子)의 도덕경에서도 진실과 정직의 중요성을 강조한다. 도덕경에서는 자연의 도(道)를 따르는 삶을 권장하며, 거짓말과 같은 부정직한 행위는 도에 어긋나는 것으로서 자연스럽지 않은 것으로 간주한다. 이곳에서 참의 의미는 진실과 자연으로 표현되지만, 거짓의 의미는 허위와 인위의 개념으로 보고 있다. 그러므로 "자연에 따르는 것이 도(道)이며, 인위적인 것들은 결국 허망하게 된다."는 철학을 강조한다.

▶ 도교의 신화와 전설: 도교의 여러 신화와 전설에서도 거짓말의 해로움을 다루는 이야기가 있다. 예를 들어, 태상노군(太上老君: 노자(老子)를 신격화한 것)의 제자 중 어떤 신이 거짓말을 통해 권력을 얻으려다 결국에는 그 거짓말이 드러나면서 큰 벌을 받는 이야기가 전해진다.

이러한 사례들은 도교에서 거짓말이 단순한 도덕적 문제를 넘어서, 개인의 영적 발전과 사회의 조화를 해치는 중요한 문제로 여겨진다는 것을 보여준다.

▶ 독일 철학자 비트겐슈타인은 언어와 사실의 관계를 초기 철학(논리적 그림 이론)과 후기 철학(언어 게임 이론)에서 다르게 접근하고 있다. 초기 철학인 『논리철학논고』에서 언어는 세계의 그림이라 주장하였다. 언어는 세계의 구조를 반영하며, 명제는 사실을 정확히 묘사해야 한다고 했다. 따라서 명제와 사실의 일치는 언어와 사실이 일치되는 참이자 진실이기에 사실이 실제로 존재하는 것으로 보게 된다. 반면에 명제와 사실의 불일치는 명제가 세계의 구조를 반영하지 못하거나, 존재하지 않는 사실을 표현하는 것이라 무의미한 명제인 거짓으로 본다.

후기 철학인 『철학적 탐구』에서 그는 언어가 고정된 의미를 가지는 것이 아니라, 사회적 맥락 속에서 다양한 방식으로 사용된다고 설명한다. 이를 언어게임(language games)이라고 불렀으며, 언어는 특정한 규칙에 따라 사용될 때 의미를 갖는다고 보았다.

그는 초기 철학에서는 언어가 현실을 정확히 반영해야 한다고 보았지만, 후기 철학에서는 언어가 상황과 맥락에 따라 의미가 변한다고 주장했다. 이때 전자의 의미는 공자의 정명(正名)사상으로 볼 수 있으며, 후자의 의미는 중용(中庸)사상으로 볼 수 있다.

그러므로 초기 철학은 언어의 구조적 일치를 강조했지만, 후기 철학은 언어의 유연성과 다원성을 강조한 것으로 본다.

㈐ 공동체의 지속적인 갈등 모습

갈등이란 불협화음이 발생하는 초기 단계이다. 초기 단계의 갈등이 수습되지 않는다면 갈등은 다툼이 되고 싸움으로 확산할 수 있다. 이미 공동체에서 다툼과 싸움으로 번졌다는 것은 모두의 관심거리가 된 것이다. 모두의 관심거리로 확산할 수 있는 공동체 내에서 갈등은 다양한 형태로 나타날 수 있으며, 이는 사회적, 경제적, 정치적 요인 등 여러 가지 이유로 발생한다. 이러한 다양한 갈등의 몇 가지 사례를 살펴보기로 한다.

▶ 계층 간 갈등: 경제적 불평등으로 인해 상류층과 하류층 간의 갈등이 발생할 수 있다. 이는 소득 격차, 교육 기회, 주거 환경 등에서 나타나며, 사회적 불만을 초래할 수 있다.

▶ 세대 간 갈등: 세대 간의 가치관 차이로 인해 갈등이 발생할 수 있다. 예를 들어, 젊은 세대는 기술과 혁신을 중시하는 반면, 나이 든 세대는 전통과 안정성을 중시할 수 있다.

▶ 지역 간 갈등: 지역 간의 경제적, 문화적 차이로 인해 갈등이

발생할 수 있다. 이는 특히 도시와 농촌 간의 갈등에서 두드러지며, 자원 배분과 정책 결정에서의 불균형이 원인이 될 수 있다.

▶ 정치적 갈등: 정치적 이념 차이로 인해 공동체 내에서 갈등이 발생할 수 있다. 이는 선거 기간 동안 특히 두드러지며, 서로 다른 정치적 견해를 가진 사람들이 충돌할 수 있다.

▶ 문화적 갈등: 다문화 사회에서 서로 다른 문화적 배경을 가진 사람들이 충돌할 수 있다. 이는 언어, 종교, 관습 등의 차이에서 비롯될 수 있다.

이러한 다양한 갈등을 해결하기 위해서는 상호 이해와 소통이 중요하다. 갈등을 조정하고 해결하는 과정에서 공동체의 가치를 재확인하고, 서로의 차이를 존중하는 자세가 필요하다. 보다 구체적인 갈등 조정 방법으로는 '첫째, 자신의 감정을 조절하고 차분하게 대화가 이뤄지도록 해야 한다. 둘째, 상대방의 입장에서 생각해 보는 역지사지(易地思之)를 경험해봐야 한다. 셋째, 갈등의 원인이 무엇인지 문제의 본질을 파악하려 노력해야 한다. 넷째, 자신만의 해결책이 아닌 상대도 공감할 수 있는 공동의 해결책을 찾도록 노력해야 한다. 다섯째, 문제가 해결되면 서로의 관계 회복을 위한 노력을 해야 한다.'는 것으로 살펴볼 수 있다.

■ 거짓말과 갈등의 관계

거짓말과 갈등은 긴밀한 관계를 지니고 있다. 거짓말은 종종 갈등의 원인이 되며, 갈등은 다양한 상황에서 거짓말을 유발할 수 있다. 이러한 두 관계는 4가지 사례로 살펴볼 수 있다.

▶ 신뢰 문제: 거짓말은 신뢰를 훼손시키는 주요 요인이 된다. 신뢰가 훼손되어 사람들이 서로를 믿지 않으면 갈등이 발생할 가능성이 높다. 그러므로 거짓말은 상대방에게 실망과 분노를 불러올 수 있으며, 이는 갈등의 씨앗이 된다.

▶ 정보 갈등: 거짓말은 정보의 부족이나 왜곡으로 인한 갈등을 야기(惹起: 일이나 사건 등을 끌어 일으키는 것)할 수 있다. 특히 정치, 사회, 경제 분야에서 거짓말은 갈등을 가중시키는 요소가 된다. 그러므로 잘못된 정보를 믿고 행동하는 경우 갈등이 다툼과 싸움으로 확대될 수 있다.

▶ 감정적 갈등: 거짓말은 감정적인 갈등을 조장할 수 있다. 상대방이 거짓말을 듣고 상처를 받거나 분노를 느낄 때, 갈등이 발생할 수 있다. 그러므로 상대방이 갖는 감정적인 부담은 갈등을 더욱 심화시키게 된다.

▶ 문화적 갈등: 다양한 문화 간의 거짓말은 문화적 갈등을 야기할 수 있다. 언어, 관습, 신념 등의 차이로 인해 오해와 거짓말이

발생하면 갈등이 자주 생길 수 있다. 따라서 거짓말을 최소화하고 상호 이해와 소통을 강화하여 갈등을 예방하고 해소하는 것이 중요하다.

8. 몸으로 판단하라

머리로 판단하지 말고 몸으로 판단하라. 머리로 판단하는 것을 생각이라 하고 이성(理性)의 작용이라 말한다. 이때의 이성(理性)은 헤아림, 즉 논리적 추론 능력을 말한다. 그러나 본래 이성(理性)의 의미는 진리(眞理)에서 품수된 이치(理致)로서 진리(眞理) 그 자체가 된다. 진리(眞理) 그 자체인 이성(理性)은 깨달음의 상태라 할 수 있다. 이것을 불교에서는 돈오(頓悟)라 하는 것이며 해탈(解脫)의 경지에 이른 것이라 한다. 해탈(解脫)의 경지를 지속적으로 보존하고 유지하는 것이 열반(涅槃)이 되는 것이다. 열반(涅槃)의 경지는 성철스님과 행원스님이 살아서 생각이 멈춘 그곳을 말한 것이 아닐까 생각된다. 생각이 멈춘 그 경지에 이르면 지혜가 발현된다. 따라서 머리로 판단하는 것이 아니라 몸 전체로 판단을 한다는 것은 몸으로 체득해서 느껴지는 그것(지혜 발현)에 따라 스스로 판단을 하는 것이다. 이때의 느낌이 바른 느낌이라면 그 느낌을 양심(良心)에 따른다고 말하는 것이다. 누군가 양심에 따라 판단하는 것은 바른 느낌을 쫓는 것으로 본성(本性)에 어긋나지 않게 하는 것이 된다. 그러므로 본성에 어긋나지 않게 하는 그것은 그가 이치에 맞는 것을 실천하는 것이 된다. 그러므로 '이치에 맞다.'는 것은 진리(眞理)인 참된 이치, 즉 올바른 이치를 따르는 것이 되며 이를 순리(順理)로 표현한다. 이렇게 순리(順理)에 따르는 인간의 언어와 행위를 도리(道理)라 하며 정직(正直)하다고 말하는 것이다. 이를 다른 용어로 표현하면 천인합일(天人合一)이고 공동체에서 이뤄지는 지행합일(知行合一)이자 언행일치(言行一致)가 되는 것이다. 지행합일(知行合一)과 언행일치(言行一致)는 고조선 시대의 사회상에 드러나는 경천애인(敬天愛人)의 사상과 맥이 통한다고 볼 수 있다. 이와 같은 천인합일(天人合一), 지행합일(知行合一), 언행일치(言行一致), 경천애인(敬天愛人)은 공동체에서 '널리 인간을 이롭게 하자.'는 홍익인간(弘益人間)의 정신에 달하게 되어, 공동체를 이상 사회로 만들어 가야 하는 숨은 뜻이라 할 수 있다.

이상 사회의 실현을 위해 공동체에서 반드시 적용되어야 하는 사항들이 있다. 그것은 첫째 공동체 내의 일상생활에서는 '말과 행동이 일치하여 어긋남이 없다.'는 언행일치(言行一致)라 할 수 있다. 왜냐하면 말과 행동의 일치됨은 거짓 없는 참의 일상적인 삶을 사는 것이기 때문이다. 둘째 배우는 학생들에게 배움과 일치된 삶을 실천하며 살아가게 하는 학행일치(學行一致)로 표현할 수 있다. 더 나아간다면 셋째 이러한 학행일치(學行一致)를 강조한 언어가 주희(주자)에 의해서 지행병진(知行竝進)으로 표현된 것으로 생각해 본다.

판단하는 데 있어서 동양과 서양의 차이를 살펴보면, 다음과 같다.

▶ 동양은 심신(心身)이 일치된 몸으로 판단하는 작업을 줄곧 해 왔다. 몸으로 판단한다는 것은 양심에 어긋나지 않은 판단을 말하고 영혼에 위배 됨이 없는 삶을 행하는 것이 된다. 이는 살아가는 이들에게 바름을 실천하는 삶을 행하도록 가르치기도 하였다. 동양에서는 이러한 판단의 추구가 다양한 방식으로 발전해 왔다. 그 중 대표적인 것이 선(禪)이 된다. 원효는 이를 일체유심조(一切唯心造)라 하여 마음의 바른 작용이 진리(眞理)를 드러나는 방식으로 보고 있다. 동양에서 이성(理性)에 따른 생각은 진리의 줄거리가 바르게 드러나는 이치의 현현이다. 이렇게 공동체에서 이치를 드러내는 것이 심신(心身)이 일치된 상태로 드러내는 것이다. 원효는 심신(心身)이 일치된 상태로 드러내는 것의 근원처가 마음으로 보는 것이다. 그리고 이 마음이 양심(良心)에 따른 본성(本性)의 작용을 통해 언어와 행동이란 실천적 표현으로 외부에 드러나게 된다. 이때의 본성으로 사람에게 내재된 모습을 선(善)이라 하고 선(善)이 드러난 실천적 행위의 모습을 의(義)라 한다. 이러한 선(善)과 의(義)의 드러남이 모든 상황의 이치에 맞게 됨에 따라 각각의 조리(條理)에 합당한 것이다. 조리(條理)가 합당할 때 비로소 순리(順理)에 따른다는 것이고, 조리가 합당하지 못하면 그것을 부조리(不條理)라 하여 순리에 어긋난 것이라 하여 거짓이라 하는 것이다. 이 거짓을 모르고 하면 무지(無知)라 할 수 있지만, 알면서 잘못 적용하였을 때는 오류(誤謬)라고 표현할 수 있다. 그렇지만 알고 한다면 거짓된 언행을 속임수라 하여 사기(詐欺)라 하는 것이다. 이때의 사기(詐欺)는 이익을 취하기 위하여 상대를 속이는 작업으로 나쁜 꾀를 내어 상대에게 판단의 오류를 유발하도록 하는 것이다. 이러한

사기의 언행은 공동체의 조화를 깨는 단초가 되어 사기를 치는 자들이 많으면 많을수록 공동체 사회는 부조리가 많아지게 되면서 더욱 큰 부조화를 만들어가게 된다. 이러한 부조화는 공동체 일원들에게 공동체에 대한 불신을 갖게 하는 원인이 된다. 그러므로 불신은 공동체의 갈등을 발생시키게 되고 그 발생이 다툼으로 발전하여 싸움과 전쟁으로까지 확대 재생산되는 것이다.

▶ 서양의 판단에 대한 기준은 어떤가? 서양의 판단 기준은 동양과는 다르다. 동양은 몸으로 판단하는 것이라 하였다. 그러나 서양은 고대 그리스 시대 소크라테스가 몸으로 판단하라는 주장을 하였지만, 그것이 주류를 형성하지는 못하였다. 서양의 판단 주류는 소피스트의 수사학이 지금까지 서양 사상가의 흐름을 주도한 것이라 보인다. 왜냐하면 서양은 몸으로 느끼는 것이 아닌 머리의 헤아림이라는 사고를 통해 논리와 추론으로 판단의 기준을 삼아왔기 때문이다. 그러므로 서양의 사고는 사람의 두뇌에 헤아림이라는 이성(理性)적 논리와 추론 작용을 통해 판단해온 것으로 정리할 수 있다. 이들의 이성은 동양처럼 양심에 따른 본성 즉 진리에 기반한 이치(理致)를 따른 것이 아니다. 서양에서의 이성(理性)은 양심이 아닌 두뇌의 헤아림으로 인한 판단하는 힘을 이성(理性)으로 보는 것 아닌가? 다시 말하면 서양의 이성(理性)은 헤아림으로 인한 판단하는 힘 즉 **'꾀(어떤 일을 꾸며내거나 해결하기 위한 생각이나 수단)**'를 말하는 것이라 할 수 있다. 여기서 '꾀'라는 이성의 의미는 이익을 향한 판단을 유지하기 위한 짐승의 논리가 된다. 이러한 짐승의 논리가 정복과 침탈 그리고 음해와 자연을 도구화하

게 된 것이다. 짐승의 논리로 인해 신대륙이 발견되고 과학이 발달해왔다. 서양의 과학 발달은 공동체보다는 개인의 이익을 향한 도전 속에서 발전된 것이 신대륙의 역사이고 과학의 역사가 아닌가? 우연치 않게 발견되고 개발된 것으로 인해 인간들이 많은 혜택을 보고 있다. 하지만 인간에게 있어서 과학의 근본적인 바탕의 논리는 탐구라는 탈을 쓴 자연의 정복이라는 짐승의 논리일 뿐이다. 이러한 과학에 대한 정복의 짐승 논리가 결국 인간 스스로를 파괴하도록 만들게 되지 않을까 우려가 된다. 서양의 머리로 하는 작업은 이치를 따르는 작업이 아니고 양심에 의지해 올바른 방향을 향하는 것이 아니다. 서양에서는 머리로 하는 작업을 이성(理性)이라는 탈을 쓰고 현재까지 짐승의 정복 논리를 정당화하고 있는 것이다. 이러한 정당화 작업을 가지고 그들은 동양의 몸으로 하는 인식론보다 머리로 하는 인식론이 우월하다고 하면서 동양은 인식론이 없다고 여기고 있는 것은 아닌가? 서양의 머리로 하는 인식론에 따르면 자신들은 꾀가 있지만 동양은 '꾀'가 없다는 것이며 '꾀'가 없다는 것은 어리석음을 뜻하는 것이 아닌지 주장하는 듯하다. 서양의 인식론은 엄밀히 말하면 몸으로 느끼는 동양의 인식론 체계에 미치지 못하는 것이 된다. 그들은 오감과 '꾀'를 인식론으로 만든 작업을 한 것이다. 오감 위주의 경험론과 '꾀' 위주의 이성론이 영국과 독일에서 주류를 형성하지 않았는가? 이 두 이론이 아직도 인간의 사상을 지배하고 있는 이상, 짐승의 세계에서 벗어나지 못할 것이다. 이 두 이론을 선진이론으로 받아들인 대한민국은 동방예의지국이 짐승의 나라로 되어가고 있거나 이미 짐승의 나라가 되었을 것이다. 서양 위주의 학교 교육은 이미 예의가 사라지고 사람을 경제적인 도구로 만 보이게 만드는 인간을 도구화하는 도구적 교육을 하고 있다. 경제적 도구란 자신의 이익을 향해 매진하는 짐승의 논리이지 '함께, 더불어'라는 공동체 방식의 삶을 존재하지 않게 된다. 첨언을 하면 동양의 인식론은 몸으로 판단하는 것이라 하여 직관적이라 하기 쉬우나 직관적이라 할 수 없는 깨달음이란 것이 있다. 왜냐하면 깨달음은 체득처로 인한 것이지 직관이 아니기 때문이다. 그러므로 동양의 인식론은 이원론적 인식론이 아니라 일원론적 인식론으로 봐야 하고, 일원론적인 이 세상 역시 일원적인 관계로 엮여있는 유기적 세계관일 뿐이다.

대한민국은 근대화 과정을 거치면서 이익을 위해 백성들에게 거짓을 바탕으로 사기를 친자들에 의해 1910년 8월 29일 국권이 피탈된 한일합방의 치욕을 입게 된 일제 35년을 보냈다. 국권 피탈은 근대화란 탈을 쓴 자신들의 이익을 챙기기 위해 백성들에게 거짓말을 하고 자신들의 이익과 나라를 팔아먹은 것으로 바꾼 사건이다. 이 사건은 짐승의 논리로 교육된 자들이 자신들의 정당화하는 방법으로 근대화란 단어로 자신들이 짐승의 욕망을 포장한 뻔뻔한 짐승의 논리를 보게 된 사건이다.

대한민국은 근대화를 거치는 과정에서 짐승의 논리가 모든 공동체에 스며들게 된 것이다. 근대화 과정에 동도서기(東道西器: 동양의 도는 지키면서 서양의 기술을 받아들이자.)라는 온건파의 주장이 있었음에도 불구하고 자신의 이익을 위해 나라를 팔아버린 친일 세력에 의해 대한민국은 짐승의 시대가 열리게 된 것이다. 짐승의 시대에는 공동체에서의 조화가 사라지게 되어가고 점차 부조화와 부조리가 만연되는 시대가 도래한 것이다. 즉 이 시대는 몸으로 느끼는 교육 보다는 꾀를 위한 짐승의 논리가 지배하는 사회가 된 것임을 말한다. 일제 치하의 대한민국은 짐승의 논리로서 자기 배만을 채우는 논리이자 자신의 이익만을 위한 맹목적인 돌진 만이 현 사회를 지탱하려는 사람들로 구성된 사회가 되어간 사회임을 말한다. 근대화라는 명목으로 받아들인 서양의 교육 체계의 대한민국의 현실을 보면 몸으로 느끼는 양심보다는 꾀를 이용해 이기는 자가 똑똑하고 유능하다고 생각하는 몰염치한 사회가 된 것이다. 몸으로 하는 양심을 키우는 공부보다 꾀를 이용해 이익을 따라 쫓아가는 것이 당연한 서구 사회의 짐승의 논리를 따르는 것이 절대적인 사회가 된 것이다. 이러한 사회는 공동체의 단합보다는 자신들의 이익을 위한 분열과 야합 그리고 배신과 저열한 욕망으로 가득찬 사회를 형성하게 된다. 지금의 대한 민국, 당신은 어떻게 보이는가? 과연 인간들이 사는 조화로운 사회로 보이는가? 짐승들이 우글거리는 부조리가 만연된 부조화된 사회로 보이는가?

9. 인간이 만들어가야 할 세계

　인간이 만들어가야 할 세계는 정의가 구현되는 이상 사회의 실현이다. 이상 사회는 유교의 대동사회, 불교의 불국토(서방정토), 기독교의 천국, 도교의 소국과민 등으로 다양하게 불려지고 있다. 남녀가 결합 후 가정을 꾸리고, 씨족을 형성하고, 부족 국가가 탄생하면서 더불어 잘사는 사회를 형성하려고 시대마다, 지역마다 각자가 노력을 해왔다. 그러나 현실은 이상 사회에서 점차 멀어지게 하는 참상을 경험하게 되었다. 고대부터 중세, 근대, 현대에 이르기까지 이상향을 추구하는 이론(제도와 사상과 철학)은 이미 모두 드러난 것으로 보인다. 다만 사람들이 이 핑계 저 핑계를 대며 실천을 하지 않는 것이지 도달하지 못할 곳은 아니라 생각된다. 지금의 세상은 교통의 발달과 정보통신의 발달로 인해 모든 것을 즉시 알 수 있는 세상이 되었다. 이러한 세상에서는 속인다는 것이 쉽지 않다. 그러기에 각자의 사람들이 바름(正)을 지켜낼 줄 아는 사회를 만들어간다면 반드시 도달할 수 있는 사회가 이상 사회이다.

이를 위해 여러 가지 도전과 기회를 포함하고 있다. 그중 가장 우선적인 것은 거짓이 없는 사회가 되는 것이다. 이곳에서 진실함을 담보한 몇 가지 중요한 요소를 살펴볼 수 있다.

▶ 지속 가능한 발전: 환경 보호와 자원 관리가 중요한 과제이다. 기후 변화와 환경 파괴를 막기 위해 재생 가능 에너지, 친환경 기술, 지속 가능한 농업 등을 발전시켜야 한다.

▶ 사회적 평등: 경제적, 사회적 불평등을 줄이는 것이 중요하다. 모든 사람이 공정한 기회를 가질 수 있도록 교육, 의료, 주거 등의 기본 권리를 보장해야 한다.

▶ 기술 혁신: 4차 산업혁명과 그 이후의 기술 발전은 우리의 삶을 크게 변화시킬 것이다. 인공지능, 로봇공학, 생명공학 등의 기술을 통해 더 나은 삶을 만들어가야 한다.

▶ 윤리적 고려: 새로운 기술과 발전이 윤리적으로 사용될 수 있도록 해야 한다. 유전자 편집, 인공지능 등의 기술이 인간의 존엄성을 해치지 않도록 신중하게 접근해야 한다.

▶ 글로벌 협력: 국제 사회가 협력하여 공동의 문제를 해결하는 것이 중요하다. 기후 변화, 전염병, 빈곤 등의 문제는 한 국가만의 힘으로 해결할 수 없기 때문에 글로벌 협력이 필요하다.

이러한 요소들을 고려하여 인간이 만들어가야 할 세계는 더 나은 미래를 위한 지속 가능한, 평등한, 혁신적인, 윤리적인, 협력적인 사회로서의 이상 사회를 구현해야 할 것이다.

"세상에 늘 **맑은 마음(情)**을 드러내시길…"

해월(海月) 서병곤(徐丙坤)